王喜华　田凯杰 ◎ 编

苏州大学出版社
Soochow University Press

图书在版编目(CIP)数据

蒙学新编／王喜华，田凯杰编．—苏州：苏州大学出版社，2019.3
ISBN 978-7-5672-2684-5

Ⅰ.①蒙… Ⅱ.①王… ②田… Ⅲ.①古汉语－启蒙读物 Ⅳ.①H194.1

中国版本图书馆 CIP 数据核字(2018)第 282947 号

书　　名：蒙学新编

编　　者：王喜华　田凯杰
策　　划：刘　海
责任编辑：刘　海
装帧设计：刘　俊

出版发行：苏州大学出版社(Soochow University Press)
社　　址：苏州市十梓街 1 号　邮编:215006
印　　刷：苏州工业园区美柯乐制版印务有限责任公司
网　　址：www.sudapress.com
E - mail ：Liuwang@suda.edu.cn　　QQ：64826224
邮购热线：0512-67480030
销售热线：0512-67481020

开　　本：700 mm×1 000 mm　1/16　印张:11.5　字数:134 千
版　　次：2019 年 3 月第 1 版
印　　次：2019 年 3 月第 1 次印刷
书　　号：ISBN 978-7-5672-2684-5
定　　价：29.00 元

编写说明

本书是针对儿童的启蒙读物，旨在让孩子从小接触并喜爱上中国优秀传统文化。

本书主要有以下编写特点：

1．本书系“蒙学”读物，而非“国学”读物

书名为“蒙学新编”而非“国学新编”，意在与“国学”有所区分。

当下小朋友学的“国学”多是“三（《三字经》）、千（《千字文》）、百（《百家姓》）”和《弟子规》之类的短句，以及一些古诗文。但“国学”这个概念很复杂，在晚清是为了拯救国粹而提出的，带有保守主义的意味。近些年有人弘扬“国学”，当然有一定的现实意义，但什么是“国学”？范围太大，很笼统，而且精华与糟粕纠缠，又很复杂。既然“国学”不“国学”，学界都还弄不清楚，还有争议，那我们中小学就不要去套用。这也就是本书书名用“蒙学新编”而不用“国学新编”的原因。

2．内容有所拓展

（1）增加了猜谜与对对子

全书分四个单元，分别为：“猜谜语，更聪明”；“对对子，长学问”；“读古诗，显儒雅”；“读古文，变厚实”。

之所以把猜谜、对对子选编进来，一方面是因为不管是灯谜还是对联，都是我国特有的文化现象，是我国优秀的传统文化；另一方面，现在教育部已经把猜字谜（《语文》一年级下册“识字”第4课“猜字谜”）和对对子（《语文》一年级上册“识字”第5课“对韵歌”、《语文》一年级下册“识字”第6课“古对今”）列入了部编本小学一年级语文教材，我们没有理由不重视。

（2）体现地方特色

本书从第二单元开始分别选编了一些与苏州有关的内容，增加了吴文化的知识，从而使全书体现了地方特色。如第二单元第六课“苏州的名胜联”、第三单元第四课“古诗里的苏州”、第四单元第四课“你知道这些苏州历史人物吗?”。

3. 本书的编排体例体现了学用结合

本书每一课都安排了“读读记记”和“学学练练”，前者主要是介绍相关知识，后者则是重在实践练习。

4. 可读性较强

本书还介绍了一些历史典故和人文轶事，有一定的可读性，适合师生共读或家长与子女共读。

目　录

第一单元　猜谜语，更聪明

第一课　谜语就是灯谜吗？

【读读记记】

谜语，主要指暗射事物或文字等供人猜测的隐语，也可引申为蕴含着奥秘的事物。

谜语源自中国古代民间，经历了数千年的演变和发展，是中国古代人民集体智慧创造的文化产物，深受国人的喜爱。谜语不仅以书面的形式广为传播，在口语中的流传也颇为广泛，几乎每个中国人都能说出几个甚至几十个谜语。

我国著名美学家朱光潜曾说："中国的谜语可以说和文字同样久远。"中国谜语从产生至今已有3000多年的历史。早在周朝以前就有了谜语——用暗示来描述某种事物的歌谣。到春秋战国时期，初步形成了谜语的雏形——隐语。三国时期开始有了写在纸上的谜语，南北朝以后谜语有了很大的发展。到南宋时，一些文人常在元宵节那天的夜晚将谜语写出来，贴在纱灯上，以吸引过往行人猜射。这就是"灯谜"。据说，在当时的杭州城里，每年元宵节猜灯谜成了一道独特的风景线。

新中国成立以后，灯谜活动更加蓬勃发展。1987年，中央电视台、中国谜报社和中国电视报社联合举办的首届"中华杯"电视猜谜竞赛，其参加人数之多、影响之广都是空前的。此后，全国性的猜谜活动风生水起，越来越丰富多彩；区域性的猜谜活动更是此起彼伏，呈现出前所未有的发展趋势。近年来，中央电视台还组织《中国谜语大会》，让传统文化借助电视回归，使文化益智节目集聚更多的人气，谜语活动也因此有了更大的发展空间。

我们通常所说的谜语主要有“灯谜”和“普通谜语”两种形式。前者是书面的，后者则是口头与书面兼有。

谜语由谜面、谜目和谜底三部分构成。

例如：

麻屋子，红帐子，里面睡个大胖子。（猜一植物）

谜底：花生。

这个谜语中，“麻屋子，红帐子，里面睡个大胖子”是谜面，“猜一植物”是谜目，“花生”就是谜底。

灯谜，顾名思义，原先是张贴于彩灯上的谜语。它与普通谜语一样，也是由谜面、谜目和谜底三部分组成。

例如：

木兰出世。（打植物一）

谜底：花生。

这个灯谜中，“木兰出世”是谜面，“打植物一”是谜目，“花生”就是谜底。

那么，灯谜和普通谜语到底有哪些不同呢？

还是来看刚才的例子：

麻屋子，红帐子，里面睡个大胖子。（猜一植物）

谜底：花生。

木兰出世。（打植物一）

谜底：花生。

这两个谜语的谜目差不多，谜底也是一样的，但是这两个谜语的谜面却不同。

第一道谜的谜面已经很清楚地把花生的样子描述出来了，“麻屋子”是指花生的外壳，“红帐子”是指花生的外衣，“大胖子”是指花生仁。

至于第二道灯谜，初学灯谜者也许会有点摸不着头脑：这“木兰出世”和“花生”怎么会挂上钩呢？原来，我们中国的汉字中有很多是一字（词）多义的。大家都知道“木兰”也就是花木兰，“出世”也就是出生。这样解释起来，“木兰出世”不就是在说“花（木兰）生（出来）”吗？谜底与谜面刚好扣合一个意思。

由此，我们可以看出灯谜与普通谜语有如下区别：

1. 扣合方式不同

灯谜是以“文义”（即文字的含义）而入扣的，故灯谜被称为“文义谜”，又叫“文虎”。它主要着眼于文字的含义或字句、字形的结构方面，根据汉字的一字（词）多义、笔画组合、摹状象形等特点，通过别解、假借、运典、拆字等手法，使谜面与谜底在词义或字形上相扣。

普通谜语除了少量字谜以外，都是以事物的特征来隐射的，因此，普通谜语多为事物谜，通常称为“民间谜语”。它主要着眼于事物的形体、性能、动作等特征，多运用拟人、夸张、比喻等手法来描述谜底，从而达到隐射的目的。

2. 谜底范围不同

灯谜是以文字作为谜底的，凡是可以用文字来表达的词语都可以作为谜底，因此，灯谜谜底的范围相当广泛，单字、成语、词汇、诗词、古文、中外地名、古今人名、书刊名、影剧名、各类事物名称等，可谓无所不包。

普通谜语的谜底除了少量是文字之外，绝大多数是“事”和“物”，如动物、植物、用物、人体器官、自然现象等。

谜底的范围被称为“谜目”，通过上面的对比可以看出，灯谜的谜目种类很多，而普通谜语的谜目则相对较少，仅仅是灯谜谜目的一部分。

3. 谜面形式不同

灯谜的谜面一般文字较短，讲究炼字炼句，多为一些常见的词汇、成语或有名的诗句，其特点是用字精巧简洁，概括性强，有时精练得只有一两个字。

例如：

“乖”。（打成语一）

谜底：乘人不备（“乘”字下部的“人”不具备了即为“乖”字）。

谜面极其精练，已经无法再简化了。

普通谜语的谜面往往是山歌体的民谣，以四句形式较多，讲究押韵而有节奏，读起来不仅朗朗上口，而且形象生动，便于口头传诵。

例如：

身上穿红袍，肚里真心焦。惹起了火儿，跳得八丈高。（猜一物）

谜底：爆竹。

又如：

石头层层不见山，道路弯弯走不完。雷声隆隆不下雨，大雪纷纷不觉寒。（猜一种劳动形式）

谜底：磨粉。

谜面比喻生动，形象逼真。

4. 猜射规则不同

灯谜的猜法和制法有不少严格的规则，如谜面和谜底不能有相同的字出现，谜面和谜底里的字，除了用谐音类的谜格以外，不能用同音字代替解释；谜面和谜底在扣合上讲求贴切、严密，不允许出现闲字（即无法相扣的字），也不允许用同一事物的异名来代替。

普通谜语没有上述这些规则，只要谜面能够隐射谜底就可以了。

此外，灯谜还设有谜格，如卷帘格、秋千格、徐妃格、求凰格等，而普通谜语则没有谜格。关于灯谜的规则及谜格等，将在下面作详细介绍，这里就不多说了。

5. 猜射对象不同

由于谜语通俗易懂，便于口头传诵，故大多数谜语适合少年儿童猜射，有时也把这类谜语称为“儿童谜语”。

灯谜涉及的科学文化知识比较广泛，要求猜射者具有一定的科学文化修养。过去，灯谜仅在少数文人雅士中间流传。现在，随着人民群众文化水平的提高，灯谜逐渐被大众所掌握，成为一项深受国人喜爱的群众性文娱活动。

现在的小学生也开始喜欢猜灯谜了。

比如部编本《语文》一年级下册中“识字”第4课“猜字谜”实际上就是猜灯谜：

（一）

左边绿，右边红，
左右相遇起凉风。
绿的喜欢及时雨，
红的最怕水来攻。

（打字一）

（二）

“言”来互相尊重，
“心”至令人感动，
“日”出万里无云，
“水”到纯净透明。

（打字一）

【学学练练】

一、读读下面的灯谜和民间谜语，猜猜它们的谜底是什么

1. 两人同离去，直到四点归。（打一自然现象）
   千条线，万条线，落到河里都不见。（打一自然现象）
2. 西楼娇女要出嫁。（打一建筑物）
   驼背公公，力大无穷，爱驮什么？车水马龙。（打一建筑物）
3. 田边除去狗尾草。（打一动物）
   像虎不是虎，睡觉打呼噜；白天睡大觉，晚上抓老鼠。（打一动物）

二、猜猜下面的灯谜，想一想：谜面与谜底有什么关联？

1. 辞职之后有转机。（打一人体部位）
   谜底：耳朵。

提示：将“职”字右边的“只”去掉，余下“耳”；将“机”字的部件结构调整一下，可以得到“朵”。

2. 清明前夜。（打一传统食品）

谜底：元宵。

提示：“清明”可以别解为“清”朝和“明”朝，它们前面的朝代是元朝。“夜”可以理解为“宵”。

3. 三人度日总俭省。（打一节日名称）

谜底：春节。

提示：“三人”与“日”合成“春”，“俭省”扣合“节”。

三、猜猜下面的灯谜

1. 路上有雨。（打字一）
2. 解闷散心。（打字一）
3. 鞋不沾土。（打字一）
4. 果断有力。（打字一）
5. 作文入门。（打字一）
6. 消灭蚊虫。（打字一）
7. 少到河边。（打字一）
8. 半册多点。（打字一）
9. 清除污水。（打字一）

第二课 猜灯谜好处多多

【读读记记】

小孩子一般都喜欢猜普通谜语，成人则多喜欢打灯谜。

那么，为什么越来越多的人喜欢猜灯谜呢？因为猜灯谜的好处多多啊！

1. 训练思维，增长知识

猜灯谜实际上是一种智力测验，人们必须经过猜想、思考才能答出谜底。

不管是猜灯谜还是猜普通的谜语，无论是孩子还是成人，在猜谜过程中都要先认真分析谜面，理解谜面提出的问题，然后再看清楚谜目的要求，明白到底要猜什么，再好好开动脑筋，拨开迷雾，排除障碍，去伪存真，最后猜出谜底。这个过程需要思维，也需要想象，这是很好的智力锻炼。

例如：

江山如此多娇。（打《西游记》中地名一）

谜底：女儿国。

“江山如此多娇”一句出自毛泽东的《沁园春·雪》。为什么谜底是“女儿国”呢？因为“江山”泛指“国家”；“娇”是形容女子或小孩的柔美、可爱，在此代指“女儿”。这样的灯谜很有意思吧？

灯谜的内容非常广泛，自古至今，天文地理、历史故事、名著典故、诗词歌赋，乃至日常生活、时尚热词，都可以成为制作灯谜的素材。

猜谜的过程是一个寓教育于娱乐之中、接受知识于课堂之外的学习过程。我们可以通过参加猜谜，在与别人一起进行的猜射中受到启发，产生联想，触类旁通，增长知识。

比如有关文学、历史、人物、地理等方面的很多知识，以前是不知道的，通过猜谜，参加者经历了一个重新学习的过程，记住了原本生疏的知识，形成了比较深刻的记忆。

例如：

目字加两点，不作贝字猜。（打繁体字一）

谜底：賀。

据说这则灯谜出自王安石之手。当孩子们知道作者王安石是北宋时期杰出的政治家、思想家、文学家时，都对这则灯谜很感兴趣。当他们发现谜目说的是繁体字时，更加充满了好奇。

学生时代是人的求知欲最强的时期，这时的学生对于一切事物都感到新鲜，有着强烈的好奇心，猜灯谜正好切合这一时期学生的心理特点，可以满足他们的好奇心，激发他们求知的热情，促进他们学习的自觉性。特别是当他们猜谜碰到不了解的人名、地名、历史典故等知识盲点时，就会自然而然地产生求知欲，通过查阅工具书和上网搜索，搞清楚有关知识，从而在不知不觉中培养了探索钻研的良好学习习惯，增加了自己的知识积累。

例如：

站直方可测身高。（打网络热词一）

谜底：正能量。

网络作为信息传输、接收、共享的虚拟平台，现在已经越来越全方位地融入人们的生活。网络热词是一个新生事物，很多人不了解什么叫“网络热词”，所以，在当下要猜出灯谜，还必须了解网络的有关知识。

2. 享受快乐，振奋精神

制谜和猜谜是快乐互动的娱乐活动。在制谜和猜谜的过程中，参加者不仅要调动和倾注自身所具有的各种知识和经验，还要运用大胆的想象。有人说，猜中一个好谜，那种快乐欢愉的满足感，甚至可以与一位作家写了一篇好小说或者一位科学家取得了一项新发明相比拟。

例如：

团圆之后线儿连。（打网络名词一）

谜底：QQ。

“团圆”指两个圆，后面拖着线儿，与“QQ”暗合。

又如：

走进天水。（打流行歌曲一）

谜底：在雨中。

谜面本意好像是指人们走进了甘肃省的天水市，妙就妙在别解，把“天水”理解为从天而降的“雨”水。

好的灯谜可以根据自身寓庄于谐、雅俗共赏的特点，把日新月异的社会变化如新事物、新名词等浓缩在小而朴实、短而灵活的艺术形式中，创作出结合形势、内容健康、具有教育意义的灯谜作品。

例如：

重点放在开头。（打六画字一）

谜底：并。

“重点”是指重复的点，将两点放在“开”字的头上即为“并”。

再如：

神州好样子。（打春晚节目一）

谜底：中国范儿。

“神州”对应“中国”，“好样”对应“范”，“子”就是“儿”。

有人打了这样一个比方：如果谜是一个有盖的茶杯，那谜面就是杯子，谜底是杯盖，二者严密地扣合在一起，才是一则完整的灯谜。

【学学练练】

一、读读下面的灯谜，想想谜面与谜底的关系

1. 草木之间留爱心。(打九画字一)

谜底：荣。

2. 选日子进厂。(打字一)

谜底：厚。

3. 二小队集合。(打字一)

谜底：除。

4. 俺大人不在。(打字一)

谜底：电。

5. 努力下去。(打字一)

谜底：奴。

6. 你丢人啦。(打字一)

谜底：尔。

7. 一加一不是二。(打字一)

谜底：王。

8. 人有它大，天没它大。(打字一)

谜底：一。

9. “心”字上面减少两点。(打字一)

谜底：感。

10. 要是一离开，火就冒出来。(打字一)

谜底：灭。

二、猜普通谜语

1. 一个黑孩，从不开口，要是开口，掉出舌头。(打食品一)

2. 五个兄弟，住在一起，名字不同，高矮不齐。(打身体部位一)

3. 人脱衣服，它穿衣服，人脱帽子，它戴帽子。（打家具一）
4. 屋子方方，有门没窗，屋外热烘，屋里冰霜。（打家用电器一）
5. 身穿大皮袄，野草吃个饱，过了严冬天，献出一身毛。（打动物一）
6. 一个小姑娘，生在水中央，身穿粉红衫，坐在绿船上。（打花名一）
7. 有面没有口，有脚没有手，虽有四只脚，自己不会走。（打家具一）

三、猜灯谜

1. 两个方洞，一棍穿通。（打字一）
2. 草木之中有人来。（打字一）
3. 一大一小，猜尖错了。（打字一）
4. 此字长得丑，一耳八张口。（打字一）
5. 也有你的一半。（打字一）
6. 两人进庄。（打字一）
7. 黄昏前后。（打字一）
8. 三点进步。（打字一）
9. 街中有人来。（打字一）
10. 加上四点，变成一点。（打字一）

第三课　了解别解与谜格

【读读记记】

相比普通谜语，灯谜真的是个更加绚丽多彩的大世界。

相比普通谜语，灯谜更精巧，没有一定的文化积累很难猜出

谜底。

灯谜的基本原则主要有面底不相犯，别解方成谜。

1. 面底不相犯

就是说谜面上出现的文字绝对不可以在谜底中出现，否则就是“相犯”。

猜灯谜，实际上就是做汉字的捉迷藏游戏，面底一相犯，趣味性就会大打折扣，甚至荡然无存。

2. 别解方成谜

灯谜的谜面与谜底之间并不仅仅是一问一答的关系，更不是简单地用谜底来解释谜面，所以猜灯谜绝不是做语文学科中的问答题。灯谜中的谜面与谜底是两个完全不相干的概念，制谜者通过别解使两者之间产生了奇妙的联系，产生了趣味，由此而成为灯谜。

如果谜面与谜底表达的是同一个意思，或者说谜底成了谜面的注解，那就不是灯谜了。

例如：

爱国华侨。（打电影名一）

谜底：海外赤子。

举案齐眉。（打成语一）

谜底：相敬如宾。

这两个灯谜分别对应的谜面和谜底意思是一样的，没有产生字义别解，所以不是真正的灯谜。

那么，什么是别解呢？

别解是一种修辞手法，即通过一定的手法暂时赋予词汇以新的意义。或者说，在一定的语言环境中，赋予某一词语以另外的或不常设的意思，即成心“歪曲”某一词语的意思，从而达到特有的效果。

别解是灯谜最基本的特点。灯谜别解就是谜面与谜底的扣合要有别于语文范畴的解释，不能机械呆板地按照面底词句的规范化意义即本义去理解，而应该转弯抹角，别取意境，从汉字的意义演变、笔画增损、谐音象声、象形以及反义相扣上去理解。其谜底应使人感到既与谜面的规范意义有联系，又不受谜面规范意义的限制与约束，从而体现出“义欲婉而正，辞欲隐而显”的特色。

例如：

面包。(打成语一)

谜底：其貌不扬。

把谜面“面包”别解为“把脸包起来”。

又如：

单晓天。(打五字俗语一)

谜底：人生地不熟。

谜面“单晓天”本是我国当代书法家名，今别解成“单单（仅、只）晓得天”。由于古时把天、地、人称为“三才”，既然仅仅只是晓得天，那就可以推知对地和人都是陌生的、不熟悉的了，由此将谜底顿读成“人生，地不熟”来扣合谜面。

正因为别解的作用，灯谜才妙趣横生，令人回味无穷，谜坛也因此有了“别解方成谜”的说法。

例如：

常熟方言。(打电视连续剧名一)

谜底：不要与陌生人说话。

谜面的本义是常熟地区使用的方言，但在这里却别解成“只有对于‘常’来往的‘熟’人‘方’可与其说话（言）”。换言之，

就是“不要与陌生人说话”。

【学学练练】

一、读读下面的灯谜，想想谜面与谜底的关系

1．说话有礼貌。（打学科名一）

谜底：语文。

2．太阳出来暖洋洋。（打四字礼貌用语）

谜底：光临寒舍。

3．女真侵宋分南北。（打十画字一）

谜底：案。

4．不弄明白不罢休。（打昆虫名一）

谜底：知了。

5．黑。（打九画字一）

谜底：皈。

6．只闻歌功颂德声。（打四字常用语）

谜底：没听说过。

7．七仙女下凡配董郎。（打成语一）

谜底：六神无主。

8．车马炮出击，帅相士上阵。（打成语一）

谜底：按兵不动。

9．用句号行，用逗号也行。（打成语一）

谜底：可圈可点。

10．鹬蚌相争。（打字一）

谜底：俐。

11．矿石何处寻。（打我国行政区一）

谜底：广西。

12．路边传单发给谁。（打经济名词一）

谜底：发行人。

13．肝脾肺肾。（打成语一）

谜底：心不在焉。

14．孤老不孤有人伴。（打八画字一）

谜底：佬。

15．输液完了喊护士。（打成语一）

谜底：不能自拔。

二、利用别解猜猜下面的灯谜

1．关公战李逵。（打成语一）

2．愚蠢无益。（打外国国家名）

3．从来不学坏。（打三字礼貌用语）

4．朗读《百家姓》，漏掉头个字。（打五字口语）

5．孙悟空何处降生。（打十画字一）

6．进又进不得，退又退不得。（打四画字一）

7．黄香寒天身暖席。（打农业名词一）

第四课　带你遨游谜格大世界

【读读记记】

要猜灯谜，就一定要搞清楚谜格。

明代盛行灯谜，灯谜是当时时兴的文化娱乐活动之一。但是灯谜不能像其他娱乐项目那样可以反复进行，一条灯谜被猜出后，如

果再猜，就没有意思了，参加者也没有兴趣了。于是，当时的制谜人为了摆脱灯谜创作日渐枯竭的窘境，就创造了谜格。

谜格就是在制作与猜射某些灯谜时必须遵循的谜底变化格式，也称格律。具体来说，就是制谜人以汉字的形、音、义三要素及文字顺序的可变性为根据，对谜底有关文字进行必要的改造与加工——或者改动字形，或者利用字音，或者将谜底文字移动位置、调换次序等，从而达到谜底与谜面互相扣合的目的。

谜格的诞生为灯谜创作拓宽了路子，所以谜语界有“格助谜活”的说法。当然，谜格的出现也大大增加了猜谜的难度，从而激发了人们猜谜的积极性。

下面给同学们介绍一些常见的谜格。

一、谐音类

谐音类谜格是利用汉字有同音不同形字的特点，使谜底的关键字通过谐音读成新字，从而使谜底与谜面扣合。

当然，这里的谐音，不仅要求语音相同，而且连声调也要相同。

由于谐音字的位置不同，谐音类的谜格中常见的有这样几种类型：

1. 白头格

顾名思义，这类灯谜谜底的第一个字是谐音。

例如：

衣冠冢。（打成语一，白头格）

谜底：目中无人。

谜底中的第一个字“目”用谐音字“墓”代替，谜底就切合谜面了。

再如：

小弦切切如私语。（打武器一，白头格）

谜底：氢弹。

谜面出自白居易的《琵琶行》，形容细弦上发出轻幽的声音，犹如低声谈心一样。谜底第一个字“氢”用谐音字“轻”代替，“轻弹”切合谜面。“弹”是多音字，要注意。

2. 粉底格

这类灯谜谜底的最后一个字是谐音。

例如：

练习发音。（打称谓一，粉底格）

谜底：学生。

谜底最后一个字“生”用谐音字“声”代替。

再如：

但使龙城飞将在。（打江苏名胜一，粉底格）

谜底：莫愁湖。

莫愁湖在南京。谜面出自唐代诗人王昌龄的《出塞》。“飞将”指西汉名将李广。谜底最后一个字“湖”用谐音字“胡”代替。别解为：只要有飞将军在，就不用为胡人入侵而发愁了。

3. 玉带格

即谐音字在谜底的中间位置。

例如：

漫步海滩边。（打词牌名一，玉带格）

谜底：踏莎行。

谜底中间一字“莎”用谐音字“沙”代替。别解为：踏着海滩边的沙行走。

再如：

读书未必要出声。（打学科一，玉带格）

谜底：心理学。

谜底中间一个字“理”用谐音字“里”代替。别解为：学在心里，不用读出声来。

二、离合类

即利用汉字可以分离或者组合的特点而形成的谜格，主要有以下几种类型：

1. 虾须格

虾须分左右，形象地比喻该格须将谜底第一个字左右分拆。

例如：

特使抵家。（打单位机构一）

谜底：传达室。

“特使”是指临时派遣的担任特殊任务的人。谜底第一个字“传”左右分拆为“专”“人”，“专人达室”与谜面意思切合。

再如：

老兄太直。（打音乐名词一）

谜底：歌曲。

谜底第一个字“歌”可以分拆为“哥”“欠”，欠什么？欠曲，就是“直”。“老兄太直”就是“哥欠曲”，所以谜底就是“歌曲”。

2. 蝇头格

谜底的第一个字上下分拆成两个字来切合谜面。

例如：

你知我知。（打三字常用语，蝇头格）

谜底：天晓得。

谜底的第一个字“天”上下分拆为“二”“人”，由“二人晓得”再到“天晓得”，切合谜面“你知我知”。

3. 展翼格

将谜底中间一个字左右分拆成两个字，以切合谜面。

例如：

李耳之妻。(打三字称谓，展翼格)

谜底：老好人。

“李耳”，即老子。谜底中间的“好”字左右分拆为“子”“女”，由“老子女人”再到“老好人”，与谜面切合。

再如：

有泪也弹好男儿。(打三字称谓，展翼格)

谜底：流浪汉。

谜底中间的“浪”字分拆为“水”“良”。谜底别读为“流水”“良汉”，即流下泪水也是好汉，由此而得谜底“流浪汉”。

4. 中分格

即将谜底中间一字上下分拆成两个字，以切合谜面。

例如：

自言自语。(打三字常用语，中分格)

谜底：说大话。

将谜底中间的“大”字上下分拆为“一”“人”，“说一人话”切合“自言自语”，由此而得谜底“说大话”。

三、半读类

将谜底的有关字眼掩盖一半以后切合谜面，典型的有徐妃格。

徐妃格类谜语的谜底均有相同偏旁，应将相同偏旁去除，以余留的文字来切合谜面。

例如：

瞎说一通。(打地理名词一，徐妃格)

谜底：湖泊。

谜底“湖泊”二字的偏旁“氵”去除，就是“胡白”二字，别解为“胡乱说话”，与谜面切合。

又如：

千人一面。(打地理名词一，徐妃格)

谜底：溶洞。

谜底“溶洞”两字的偏旁“氵”去除，就是“容同”，与谜面切合。

四、移字类

就是对谜底文字的排列顺序进行改变，主要有卷帘格和千秋格两种类型。

1. 卷帘格

卷帘格类谜语的猜谜技巧是将谜底倒读，以切合谜面。

例如：

祝寿。(打生物学名词一，卷帘格)

谜底：生长期。

将谜底倒读，即为期望被祝寿者长生不老。

再如：

开讲中国编年史，讲了元朝讲民国。(打六字俗语，卷帘格)

谜底：说不清道不明。

按照中国编年史，元朝后面还有明朝和清朝，然后才到民国。如今讲了元朝后就直接跳到民国，显然没有讲明朝和清朝。谜底倒读“明不道清不说”切合谜面。

2. 千秋格

千秋格类谜语的谜底也需要倒读，但谜底仅限两个字。

例如：

诨名。（打新闻名称，千秋格）

谜底：号外。

谜底“号外”倒读成为“外号”，与谜面切合。

再如：

刘彻帝号。（打湖北城市名，千秋格）

谜底：武汉。

刘彻就是汉武帝，“汉武”倒读后与谜面切合。

五、对偶类

以对对子的形式使谜面、谜底扣合，谜面为上联，谜底为下联。典型的对偶类灯谜有遥对格。

遥对格要求谜面和谜底字数相等，词性相同，语法结构相同。

例如：

主演。（打二字常用词语，遥对格）

谜底：客观。

再如：

虎跑泉。（打浙江名胜一，遥对格）

谜底：雁荡山。

【学学练练】

一、读读下面的灯谜，想想谜底与谜面是怎么切合的

1. 折翅的鸟儿。（打外国名一，梨花格）

谜底：南非。

2. 安装避雷针。（打外国名一，梨花格）
谜底：缅甸。
3. 落英缤纷。（打酒名一，粉底格）
谜底：花雕。
4. 雹子。（打军事称谓一，粉底格）
谜底：空降兵。
5. 剃度。（打数学名词一，粉底格）
谜底：除法。
6. 家徒四壁。（打军事设施一，白头格）
谜底：防空洞。
7. 尾数不计。（打调味品一，白头格）
谜底：蒜头。
8. 一下火车就分娩。（打动物学名词一，虾须格）
谜底：胎生。
9. 倭寇兵舰。（打医学名词一，蝇头格）
谜底：晕船。
10. 千树万树梨花开。（打外国首都一，展翼格）
谜底：都柏林。
11. 赤兔绝食殉主人。（打昆虫一，徐妃格）
谜底：蚂蚁。
12. 小心笔误。（打语文名词一，卷帘格）
谜底：错别字。
13. 柏林。（打法国作家名，千秋格）
谜底：都德。

14. 擅长摄影。（打外交名词一，千秋格）

谜底：照会。

15. 抛砖引玉。（打成语一，遥对格）

谜底：点石成金。

二、利用提示的谜格猜灯谜

1. 峨眉风光天下冠。（打动物名一，白头格）
2. 垂钓之后干什么？（打二字词语一，粉底格）
3. 辛亥革命成功。（打山东地名一，梨花格）
4. 只有阁下最合适。（打现代女作家一，白头格）
5. 快画上句号。（打职务一，粉底格）
6. 夕阳如画。（打工程名词一，虾须格）
7. 盼望过华诞。（打二字时间用语一，蝇头格）
8. 世上无难事，只怕有心人。（打三字常用语一，展翼格）
9. 山东每天见多识广。（打水浒传人物名一，中分格）
10. 我想有个家。（打动物名一，徐妃格）
11. 非礼勿言。（打文体形式一，卷帘格）
12. 风吹草动。（打成语一，遥对格）
13. 一样喜欢读书。（打三字礼貌用语一，卷帘格）
14. 东施效颦。（打学科名一，千秋格）
15. 本来就是冤案。（打战国人物名一，千秋格）
16. 地上赤蝶百样红。（打七字俗语一，遥对格）

第五课 你想成为猜谜高手吗？

【读读记记】

一、掌握必要的猜谜方法

1. 会意法

总体理解谜面的意义，扣合谜底。

例如：

脸上长钩子，头角挂扇子。四根粗柱子，一条小辫子。（打一动物）

谜底：大象。

2. 反射法

即反其谜面意思而猜之。

例如：

莫用小人。（打一中草药）

谜底：使君子。

3. 借扣法

不用谜面原意或多义、反义，借用谜面别解成新意，用来扣合谜底。

例如：

开明。（打一唐代文学家名）

谜底：元结。

“开明”别解为“明朝的开始”，即元朝的结束，因此谜底为“元结”。

4. 侧扣法

不正面理解谜面原意，借用多义从侧面烘托扣合谜底。

例如：

江枫渔火。（打一《儒林外史》人物）

谜底：双红。

这里“双红”是从“枫”“火”得名，“枫”和“火”都是红的，因此“双红”扣合谜面。

5. 分扣法

谜面的字分别扣合谜底的字，有的一字扣一字，有的一字扣多字，也有的多字扣一字。

例如：

望穿。（打一昆曲剧目）

谜底：十五贯。

“望”俗称“十五”，“穿”与“贯”有同义之处，所以扣为“十五贯”。

6. 溯源法

“溯源”即追溯谜面的来源以及与其原出处的上下关联，然后再扣合谜底，也有称它“承上启下法”的。

例如：

桃花潭水深千尺。（打一成语）

谜底：无与伦比。

这则谜语以“桃花潭水深千尺”的下句“不及汪伦送我情”扣合谜底。

7. 加法

将谜面提示的部分字的笔画予以增加或将某些字相加，以扣合谜底。

例如：

好山好水。（打二字）

谜底：崔，淮。

这里“好”扣“佳”，“好山”即“佳山”，自身相加得“崔”；“好水”即“佳水”，自身相加成“淮”。

8. 减法

将谜面提示的部分字的笔画减少，或用某些字相减来扣合谜底。

例如：

池中没有水，地上没有泥。（打一字）

谜底：也。

将“池”的左偏旁“氵”去掉得“也”，将“地”的“土”字旁去掉也得“也”。

9. 加减法

按谜面的提示，有的字增加笔画，有的字减少笔画，即有加有减，最后扣合谜底。

例如：

上头去下头，下头去上头，两头去中间，中间去两头。（打字一）

谜底：至。

本谜“去”为谜眼，将“去”分为上下两部分即可组合成谜底“至”。因为“至”的上头是“去”的下头，“至”的下头是“去”的上头，“至”的中间是“去”的两头，“至”的两头是“去”的两头，“至”的两头是“去”的中间，所以谜底是“至”。

10. 离底法

这类谜语的谜面反映的是谜底的拆离。猜时先将谜面合成，然后再扣合谜底。

例如：

七人。(打一县名)

谜底：开化。

11. 离面法

将谜面中的某些字拆离，然后去扣合谜底。

例如：

诧。(打一成语)

谜底：一家之言。

12. 象形法

根据事物的特征或者汉字的结构（象形）进行拟人拟物，加以形象化，使人产生联想，增加趣味。

例如：

冰上两点嫌它多，石头压水水爬坡。(打一名词)

谜底：水泵。

13. 象画法

例如：

远树两行山倒影，轻舟一叶水平流。(打一字)

谜底：慧。

14. 比较法

将形状、字义相近或相反的字或词放在一起加以比较而扣合谜底。

例如：

加一笔不好，加一倍不少。(打一字)

谜底：夕。

15. 拟人法

将谜面的字词人格化，以扣合谜底。

例如：

有位小姑娘，身穿黄衣衫，你若欺负她，她就戳一枪。（打一动物）

谜底：蜜蜂。

这类谜语是根据谜面整体具有的图画意味去扣合谜底。

16. 拟物法

将人或人体某部位物化，或者将谜面字词语义或所言之事物化，以扣合谜底。

例如：

枕头。（打一成语）

谜底：置之脑后。

17. 排除法

就是排除一面取一面，排除多方取一方，排除容易的而取难的。

例如：

说不叫说，拿不叫拿。（打一字）

谜底：最。

这里排除“说”而取“曰”，排除“拿”而换成“取”。

18. 联想法

即根据汉字的一字多义、一词多义等特点进行联想。

例如：

白先生。（打教育名词一）

谜底：讲师。

可以这样进行联想：

“白”：1. 表示这一意义的字词有“说”“讲”“语”“话”“道”“陈”“叙”“表”“云”“曰”“言”“告诉”。2. 表示颜色，素。3. 表示没有，空、无。4. 表示清楚、明白。“先生”即“师”。根据谜目要求，“白”和“先生”可组合成“讲师”扣合谜面。

例如：

表白。（打语文名词一）

谜底：语素。

“表”的同义词有“语”，“白”的同义词有“素”。

例如：

山西有雨。（打字一）

谜底：亚。

山西省别称“晋”，有雨就不见日，由此得谜底“亚”扣合谜面。

又如：

上海的早晨。（打二字常用词一）

谜底：申明。

明朝独醒。（打作家名一）

谜底：朱自清。

大雪翻飞。（打学校名词一）

谜底：空白卷。

二、学制谜，促猜谜

学习制作灯谜不仅可以丰富灯谜园地，还可以反过来提升猜灯谜的水平。

1. 汉字的音、形、义是制作灯谜的三大要素

例如：

点心留到最后。（打五画字一）

谜底：叹。

这个谜语中的“点”与“最”是核心字。取“点”字之

“心”——“口”，取“最”字之“后”——“又”，就是谜底“叹”。

又如：

红云。（打地理名词一）

谜底：赤道。

赤道之“赤”即红，“道”就是说，“云”也是说的意思。

2. 记住别解

运用别解就是有意布置迷魂阵，让猜谜的人好像走进迷宫，不动脑子是走不出去的。

关于别解的知识，前面已经介绍过，这里不再重复。

【学学练练】

一、读读下面的谜语，想想谜底与谜面的关系

1. 刮脸。（打食品名一）

谜底：刀削面。

2. 成双成对去，接二连三来。（打四字数学名词一）

谜底：四舍五入。

3. 对客挥毫。（打二字语文名词一）

谜底：主题。

4. 答客问。（打二字语文名词一）

谜底：主语。

5. 鼓掌。（打字一）

谜底：拿。

6. 悄悄话。（打文学体裁一）

谜底：小说。

7. 叶公惊慌。（打一古生物名）

谜底：恐龙。

8. 人的一辈子。（打成语一）

谜底：出生入死。

9. 画地为牢。（打成语一）

谜底：故步自封。

10. 宋室气数尽。（打春秋人物一）

谜底：赵衰。

11. 春末有雨。（打七画字一）

谜底：泪。

12. 书写流利。（打语文名词一）

谜底：笔顺。

13. 请勿动武。（打三字语文名词一）

谜底：应用文。

14. 陷入包围圈。（打二字床上用品一）

谜底：被套。

15. 整容摘帽露出头。（打节气名一）

谜底：谷雨。

二、猜谜语

1. 红嘴绿鹦哥，吃了营养多。（打植物一）
2. 像个蛋，不是蛋，说它圆，不太圆，说它没有它又有。（打字一）
3. 丹青。（打世界名著一）
4. 人人见了笑。（打字一）
5. 台下道白。（打二字语文名词一）
6. 不是草。（打字一）

7. 中秋赏菊。（打成语一）
8. 足球门。（打成语一）
9. 上面正差一笔，下面少丢一笔。（打字一）
10. 天下谁人不识君。（打成语一）
11. 求职。（打四字常用语一）
12. 赫赫。（打三字花卉名一）
13. 边走边说话。（打三字交通词语一）
14. 儿时家境贫。（打节气一）
15. 前面看很小，后面看很大。（打二字网络名词一）

第二单元　对对子，长学问

第一课　对对子，我们并不陌生

【读读记记】

对子就是对联的小名。

对对子，就是对课，曾经是古代儿童读书必不可少的内容。那时候，先生每天都要和学生对对子，鲁迅先生、冰心奶奶小时候都经历过对课的训练。

据说鲁迅先生小时候在三味书屋读书。一天，寿镜吾老先生出了一个上联："独角兽。"孩子们七嘴八舌地对了起来。一个学生站起来说："四眼狗。"被老师批评了一顿。还有学生分别对"双头蛇""九头鸟""八脚蟹""六耳猴""百足虫"……老先生都不满意。这时，鲁迅站起来说："先生，我对'比目鱼'。"老先生听了非常高兴地称赞说："好！对得好！"为什么老先生说好呢？原来，上联中"独角兽"的"独"不是数字，有"单独"的意思，"比目鱼"的"比"也不是数字，有"成双"的意思，以"比"对"独"，非常巧妙。

对对子，不仅文人雅士颇为热衷，普通民众也乐此不疲。

我们是现代人，还需要对对子吗？需要。

2017 年秋季开始，部编本《语文》一年级上册在学习汉语拼音

前就安排了小学生学习对对子：

对韵歌

云对雨，
雪对风。
花对树，
鸟对虫。
山清对水秀，
柳绿对桃红。

部编本《语文》一年级下册“识字”第6课也安排了对对子的内容：

古对今

古对今，
圆对方。
严寒对酷暑，
春暖对秋凉。

晨对暮，
雪对霜。
和风对细雨，
朝霞对夕阳。

桃对李，
柳对杨。
莺歌对燕舞，
鸟语对花香。

为什么现在的小学生还要学习对对子呢？那是因为对子（对联）是写在纸或布帛上或刻在竹子、木头、柱子上的对偶语句，对仗工整，平仄协调，是中华语言独特的艺术形式。对子（对联）是中国传统文化中的瑰宝。

另外，对对子还可以帮助孩子们学习运用反义词。

对子歌

上对下，小对大。前对后，左对右。
多对少，老对少。来对去，男对女。
黑对白，里对外。高对低，粗对细。
远对近，古对今。明对暗，早对晚。
有对无，出对入。宽对窄，买对卖。
南对北，首对尾。西对东，始对终。
干对湿，公对私。美对丑，薄对厚。
咸对淡，苦对甜。天对地，稠对稀。
旧对新，晴对阴。浮对沉，假对真。
强对弱，对对错。开对关，硬对软。
深对浅，加对减。负对正，降对升。
冷对热，饱对饿。死对生，反对正。
直对弯，长对短。胜对败，好对坏。
快对慢，双对单。熟对生，歪对正。
笑对哭，吸对呼。退对进，阳对阴。
优对劣，日对夜。紧对松，轻对重。
香对臭，胖对瘦。后对先，易对难。
冷对暖，忙对闲。爱对憎，贵对贱。
送对迎，动对静。仰对俯，吞对吐。

浊对清，输对赢。悲对喜，劳对逸。
凹对凸，矮对高。利对弊，此对彼。
盾对矛，贬对褒。涝对旱，简对繁。

喜欢对讨厌，复杂对简单。
胆小对勇敢，早晨对傍晚。
责备对称赞，坚硬对柔软。
现实对幻想，软弱对刚强。
暗淡对明亮，缓和对紧张。
迅速对缓慢，乐观对悲观。
干净对肮脏，喜悦对悲伤。
沉着对慌张，凶恶对善良。
轻巧对笨重，繁重对轻松。
火热对冰冷，浪费对节省。
迟钝对灵敏，怀疑对相信。
喧哗对安静，动摇对坚定。
黑暗对光明，表扬对批评。
先进对落后，敌人对朋友。
秘密对公开，快乐对悲哀。
扩大对缩小，笨拙对灵巧。
潮湿对干燥，温和对粗暴。
憎恨对热爱，隐瞒对坦白。
暴露对隐蔽，陌生对熟悉。
糟蹋对爱惜，惩罚对奖励。
困难对容易，降落对升起。
白天对黑夜，欢送对迎接。

成功对失败，爱护对损害。
快乐对痛苦，正确对错误。
认真对马虎，明白对糊涂。
稠密对稀疏，清晰对模糊。
提倡对禁止，弯曲对笔直。
永久对暂时，结束对开始。
忧愁对高兴，冷淡对热情。
粗糙对光滑，矮小对高大。
愚蠢对聪明，动摇对坚定。
强烈对微弱，勤劳对懒惰。
反义词，对子歌，合辙押韵编得好。
帮你学记反义词，掌握词汇可不少。

其实，仔细想想，在现代生活中我们每天都会与对子结缘。

我们平时运用的一些四字词语，如“半斤八两”“茶余饭后”“兴高采烈”“桃红柳绿”“鸟语花香”“风和日丽”等，仔细一看，这些词语的组成本身就是对子啊。“半斤”对“八两”，“茶余”对“饭后”……

对对子是很有趣的，我们可以每天有意识地读读背背清代李渔写的《笠翁对韵》，从中感受汉语的魅力；还可以自己在生活中发现对子，亲近汉语。

例如，看到门口有两棵树，就可以以“两棵树”作为上联，想想下联。可以对“一剪梅”，也可以对“三色花”。晚上看到“一轮明月”，就可以以此为上联考考自己的爸爸，看他能不能答出“万丈愁情”或者“数点寒星”。

现在，你对对课开始有兴趣了吧？

【学学练练】

一、读读背背

天对地，雨对风。晨对午，夏对冬。
清对淡，薄对浓。繁对简，叠对重。
奇对偶，只对双。泉对石，干对枝。
争对让，望对思。贤对圣，是对非。
衰对盛，密对稀。朝对暮，去对来。
莲对菊，凤对麟。忧对喜，戚对欣。
词对赋，懒对勤。家对国，治对乱。
肥对瘦，窄对宽。行对卧，听对看。
林对坞，岭对峦。梅对杏，李对桃。
微对巨，少对多。雷对电，雾对霞。
圆对缺，正对斜。疏对密，朴对华。
台对阁，沼对塘。衰对壮，弱对强。
荣对辱，喜对忧。鱼对鸟，鹊对鸠。
歌对曲，啸对吟。连对断，减对添。

二、给下面的字对对子，你能对出来吗？能够对出两个来吗？试试看

1. 松（ ）（ ） 2. 云（ ）（ ）
3. 红（ ）（ ） 4. 马（ ）（ ）

三、如果增加难度，对两个字的对子，你行吗？

1. 春雨（ ） 2. 白云（ ）
3. 大海（ ） 4. 山羊（ ）

第二课　对对子的知识

【读读记记】

对对子除了必须字数相同、讲究对仗外，词组和结构也是有一定规则的。如：

“摇红”对“涤翠”，
“春花”对“秋月”，
“书山”对“学海”。
“谦受益”对“满招损”，
“水底月”对“镜中花”，
“水帘洞”对“花果山”。
“青山不老”对“绿水长流”，
“山清水秀”对“人杰地灵”，
“东南西北”对“春夏秋冬”，
“春回大地”对“福满人间”。
“云无心以出岫”对“鸟倦飞而知还”，
“岂能尽如人意”对“但求无愧我心”。

对对子时上下联的词组和结构应保持一致，如果上联是动宾结构，下联也就必须是动宾结构，如“摇红”对“涤翠”。如果上联是偏正词组，下联也必须以偏正词组与之相对，如“同心结”与“并蒂花”就是相同的词组结构。在谋篇布局对联词组时，一定要注意上下联的词组结构必须相同。

比如“墨”对“泉”，这是最经典的一字联。“墨”字上部为“黑”字；而“泉”字上半部分为“白”字。“黑”与“白”各是

颜色的一种，且词义相反。两个字的下半部分别为“土”和“水”，又都属于五行。

此联还有另一种对法：“墨”对“柏”。

再如“孙行者”对“祖冲之”。“孙行者”是人物名，“祖冲之”也是人物名，“孙”对“祖”，“行”对“冲”，“者”对“之”，对得很工整。

再比如：

“大陆”对“长空”，“山花”对“海树”，“风清”对“月朗”。
“地阔”对“天开”，“山茶”对“石菊”，“烟锁”对“云封”。
“燕语”对“莺啼”，“山亭”对“水阁”，“德重”对“年尊”。
“报怨”对“怀恩”，“郊寒”对“岛瘦”，“酒圣”对“诗仙”。
“秋声”对“春色”，“水远”对“山遥”，“山亭”对“水榭”。
“鹦鹉”对“鸬鹚”，“花须”对“柳眼”，“秋实”对“春华”。
“朝雨”对“夕阳”，“肃静”对“喧哗”，“故国”对“他乡”。
“水色”对“山光”，“江云”对“涧树”，“久雨”对“新晴”。
“脱俗”对“超凡”，“淡泊”对“安恬”，“举止”对“观瞻”。
“匹马”对“孤帆”，“爱月”对“悲秋”，“院小”对“庭幽”。

给大家讲个故事：

唐代诗人李贺最有名的一句诗是“天若有情天亦老”，意思是别看苍天日出月没、光景长新，假若它和人一样有情的话也照样会变老。这句诗是很多人的大爱，文人雅士们便以此为上联出题，看谁对得出绝妙下联。但无论人们如何殚精竭虑，对出的下联都达不到上联的意境高度，慢慢地，大家就判定它“奇绝无对”了。

时光荏苒，到了两百年后的宋朝。有一次诗人们聚会欢饮，大家又聊起这个题目，座中才子石延年缓缓吟出了一句：“月如无恨月长圆。”一语既出，众人都佩服得五体投地，再也没人继续想别的下联了。司马光道：“李长吉歌‘天若有情天亦老’，曼卿（石延年的字）对‘月如无恨月长圆’，人以为劲敌。”

后来有人更进一步，将李白、李贺、苏轼、石延年的诗各取其中一句，拼成了一副对仗工整、意境悠远的绝妙对联：

把酒问青天，天若有情天亦老；

举杯邀明月，月如无恨月长圆。

【学学练练】

一、对对子

1. 桃红对（　　　）（用植物名作对）

   桃红对（　　　）（用古代一个大诗人名作对）

2. 兰州（洲）对（　　　）（以我国的城市名作对）

   兰州（洲）对（　　　）（以我国省名作对）

   兰州（洲）对（　　　）（以海洋名作对）

3. 羊只对（　　　）（以我国著名相声演员名作对）

4. 光明对（　　）　白果对（　　）　长短对（　　）

   丹顶鹤对（　　）　黄叶地对（　　）

   山河壮丽对（　　　）　雨过花争放对（　　　）

二、连连看

1.		2.	
击水	春风	水面	三峡
赏雨	虹桥	四海	熊猫
圆月	凌云	狼狗	湖心
月台	斜阳	渔父	文豪
冬雪	听风	武士	牧童

3. 开口	田鸡	4. 清暑殿	燕双飞
落日	羊城	人独立	广寒宫
壁虎	流星	龙须草	风雷激
牛市	点头	云水怒	鸡爪兰

三、下面的两副对联里分别蕴藏着一个汉字，你能猜出来吗?

1. 落花人独立　微雨燕双飞
2. 远树两行山侧立　轻舟一叶水横流

第三课　对联和春联

【读读记记】

1. 对联必须讲究“对”

经过千百年的发展，对联已形成了一套完整的规范，特别是对仗，它有许多要求：

(1) 字数相等，节奏一致

上下联的字数必须相等，不多不少。上下联内部的语音节奏要一致，如“天意怜幽草，人间重晚晴”，上下联均为“二一二”节奏。

(2) 词性相对，结构相同

即虚对虚，实对实；名词对名词，动词对动词，形容词对形容词；主谓结构对主谓结构，动宾结构对动宾结构，并列结构对并列结构……如“日照花如锦，风吹柳似丝”。

(3) 平仄合律，声调和谐

现代汉语的第一、第二声为平声，第三、第四声为仄声。

一般来说，对联的平仄有这样的规律：平对仄，仄对平，平平对仄仄，仄仄对平平。单数课当宽，偶数要分明。上联尾字仄，下联末字平。具体来说，上下联之间相应位置上的字平仄声要相对。上联是平声字，下联必须是仄声字。平平后面是仄仄，仄仄后面是平平。上下联之间逢单数的字对平仄声的要求可以放宽，逢双数的字就要平仄分明。上联最后一个字必须是仄声字，下联最后一个字必须是平声字。

2. 对联的张贴

右是上联，左是下联。所以，读对联要从右边读起。

怎么分辨上下联呢？最后一个字是平声的，就是下联；最后一个字是仄声的，就是上联。

3. 对联是个大家庭

就对联的创作手法而言，大体可分为两种。一种为自撰联，另一种就是集句联。集句联是一种特殊的创作手法。“集”在这里作“聚集”“集合”解，即从古今文人的诗词、文赋、碑帖等经典中分别选取两个有关联的句子，按照对联的声律、对仗、平仄等要求组成联句。集句联的取材范围很广，可以集诗、集词、集骈文、集碑、集帖、集宗教经典，甚至连成语、白话、俗语也可集。

集句联既保留了原文的词句，又浑然天成，另出新意，有很强的艺术感染力。

在我们的日常生活中，最重要的对联当然是春联。

春联是华人过春节的重要标志。当人们在自己的家门口贴上春联和“福”字的时候，也就意味着春节正式拉开序幕了。每逢春节，无论是城市还是农村，家家户户都要挑寓意吉祥的大红春联贴在门上，辞旧迎新，增添喜庆的节日气氛。

据史书记载，五代十国时期后蜀国国君孟昶每年除夕都要命令学士制作春联，题写桃符，张贴在寝室门的左右。964 年，学士幸寅逊为孟昶编制了一副春联，孟昶觉得不够工整，就自己填制了一副春联："新年纳余庆，嘉节号长春。"大家公认这是我国第一副春联。

但是，世界纪录协会收录的世界上最早的春联却是："三阳始布，四序初开。"这副春联记载在敦煌莫高窟藏经洞出土的敦煌遗书上，该遗书记录了十二副在岁日、立春日所写的春联。该联为排列序位中的第一副，撰联人为唐代人刘丘子，作于开元十一年（723），比后蜀国国君孟昶的春联早 241 年。

宋代以后，民间新年悬挂春联已经相当普遍，王安石诗中"千门万户曈曈日，总把新桃换旧符"之句，就是当时贴春联盛况的真实写照。由于春联的出现和桃符有着密切联系，所以古人又称春联为"桃符"。

到了明代，据说明太祖朱元璋酷爱对联，不仅自己挥毫书写，还常常鼓励臣子书写。他在金陵（今江苏南京）定都以后，命令官员和一般老百姓在除夕前都必须书写一副对联贴在门上，他自己则穿便装出巡，挨家挨户观赏取乐。当时的文人也把题联作对当成文雅的乐事，写春联遂成为一时的社会风尚。

春联的应用较为广泛，除了家家户户在过春节时贴春联之外，饭店、美发厅、宾馆、杂货店等一些商家和企业也都贴春联。这就涉及如何选择春联的问题。

首先，无论是居民住户还是单位贴春联，都应体现出健康向上的审美趣味和追求。这种审美追求，有的是从祖国蒸蒸日上、繁荣富强着眼的，如"春回大地百花争艳，日暖神州万物生辉"，"好时代、好风光，处处有好人好事；新社会、新气象，天天谱新曲新歌"

等。这样的春联概括了祖国百花争艳、万物争辉的繁荣景象，讴歌了新时代的新面貌，透露出春联创作者对祖国日新月异的美好生活的赞美。有的春联则表达了主人对未来的美好追求和向往，如“一夜连两岁岁岁如意，五更分二年年年称心”，“天增岁月人增寿，春满乾坤福满门”。这种家庭春联表达了对未来一年的祈福和祝愿，希望在新的一年里事事遂心、吉祥如意。

其次，贴春联最好能体现出个性。既然贴春联是为了寄托某种祈望和祝福，那么，不同的人家、不同的行业、不同身份的人都会有不同于他人的祈望与祝福，因此贴春联应符合主人自身的特点与所从事行业的特色。“春好禾苗壮，人新稻谷丰”，这是表达农民对新的一年的祈望与祝福的春联。“百货琳琅，柜盈春夏秋冬货；大楼兴旺，客满东西南北楼”，这是祝愿商业繁荣的春联。“一支粉笔，连绵化雨滋桃李；三尺讲台，摇曳春风抚栋梁”，这是教师家庭贴的春联。这些体现各自特点的春联，更能突出对所从事工作的无比热爱和忠诚的敬业精神。当然，那些从国家的宏观利益出发，赞美国家繁荣昌盛，表达热爱祖国、热爱社会主义，对国家和社会的未来予以热情讴歌的春联，无论是家庭还是单位都可以贴，这是毫无疑问的。

需要强调的是，在体现个性的同时千万不能将春联贴串了行当（职业）。比如说，如果非农家庭贴一副“费劲养猪，三口人家甜日过；流汗种田，九秋果实旺年来”的春联，就可能会惹人笑话。

【学学练练】

一、读读背背

1. 春风春雨春色　新年新岁新景

2. 天和人和全家和　福多财多喜庆多
3. 爆竹声声辞旧岁　红梅朵朵迎新春
4. 东风吹出千山绿　春雨洒来万象新
5. 国强家富人寿　花好月圆年丰
6. 山清水秀风光好　人寿年丰喜事多
7. 冬去山明水秀　春来鸟语花香
8. 辞旧岁岁岁如意　迎新春春春快乐
9. 春风春雨风调雨顺　爱国爱民国泰民安
10. 春意盎然祖国山河千载秀　东风浩荡神州大地万年新

二、郑板桥看春联

郑板桥在山东潍县（今山东省潍坊市）当县令的时候，有一年春节，他看到一户人家门上贴着这样一副春联：“二三四五，六七八九。”横批是：“南北。”郑板桥二话没说，扭头便走。不一会儿，他就拿了几件衣服，提着一块肉，扛了一口袋粮食走了回来。他敲开那家人家的门，只见一家老小衣衫褴褛，桌上没有饭菜。郑板桥对他们说：“过年了，这点东西留下用吧！”一家人对郑板桥千恩万谢。

出了门，衙役大惑不解地问：“老爷，您是怎么知道他家情况的？”

小朋友，郑板桥从这户人家的春联里看出什么了呢？

三、请把下面的春联贴到大门上，不要贴反哦。再请你为这副春联加一个四字横批

一片红霞迎晓日

万条绿柳舞春风

四、有三副戏台联写好以后混在一起了，请你整理配对，注意上下联顺序哦

1. 古今来多少角色

2. 借虚事指点实事
3. 无字文章写古今
4. 天地间大小舞台
5. 托古人提醒今人
6. 有声画谱描人物

第四课 对联是个大家族

【读读记记】

除了春联，我们平时看得比较多的还有名胜联、行业联、宅室联、集句联。

一、名胜联

近瞰淮水沉如黛
远眺钟山起苍烟（秦淮水榭）

此地为中山故苑
其名出太白遗诗（南京白鹭洲）

池含林采明于缬
山露苔华媚若钿（无锡惠山寄畅园联）

行行行行行且止
坐坐坐坐坐无妨（浙江奉化休休亭联）

重重迭迭水曲曲环环路

丁丁冬冬泉高高下下树（俞樾题杭州九溪十八涧联）

依然极浦遥山想见阁中帝子
安得长风巨浪送来江上才人（南昌滕王阁联）

在山海关孟姜女庙前有一副很有名的楹联：

海水朝朝朝朝朝朝朝落（hǎi shuǐ cháo zhāo zhāo cháo zhāo cháo zhāo luò）

浮云长长长长长长长消（fú yún zhǎng cháng cháng zhǎng cháng zhǎng cháng xiāo）

意思就是：

海水涨潮，天天早上涨潮，天天涨潮天天落潮；

浮云弥漫，常常到处弥漫，常常弥漫常常消退。

这副楹联说出了事物变化的哲理：面对浩瀚无边、波涛汹涌的大海，浮云弥漫、风云变幻的天空，人们的感情也该是多种多样的。特别是在孟姜女凄惨哀婉故事的启发与感召下，作为人生哲理折射的对联，它的内涵更应该是丰富多彩的。一个人的心境不同、阅历不同，解读此联的角度和方法也就不相同。

一般来说，10 个字以上的对联就是长联了。如：

负天下奇才若定指挥独惜赍志偏安鼎足三分屈王佐

叹风尘末吏未遑窃此追溯鞠躬尽瘁心香一瓣学乡贤（南阳卧龙岗武侯祠联）

长联的创作要求比较高，除平仄要求外，每一断句最后一个字的平仄也要协调。

如下面这副长联（笔者加了标点），除每个断句平仄协调外，上下联每一个字的平仄也都很工稳：

南南北北，总须历此关头，且望断铁门限，备夏水冬汤，应接过去现在未来三世诸佛上天下地；

东东西西，那许瞒了脚跟，试竖起金刚拳，击晨钟暮鼓，唤醒眼手鼻舌心意六道众生吃饭穿衣。(安徽休宁县茶亭联)

另外，对联是从上到下竖着写的，而且不加标点。对于长联来说，如果不加标点是很难读的。为便于小朋友们读对联，在这里我给一些长联加上标点符号。

此地可停骖剪烛西窗偶话故乡风景剑阁雄峨嵋秀巴江曲锦水清涟不尽名山大川俱来眼底

入京思献策扬鞭北道难忘先哲典型相如赋太白诗东坡文升庵科第行见佳人才子又到长安

加上标点符号后如下：

此地可停骖，剪烛西窗，偶话故乡风景。剑阁雄，峨嵋秀，巴江曲，锦水清涟，不尽名山大川，俱来眼底；

入京思献策，扬鞭北道，难忘先哲典型。相如赋，太白诗，东坡文，升庵科第，行见佳人才子，又到长安。

再看孙髯所作云南昆明大观楼之天下第一长联，全文180字：

五百里滇池奔来眼底披襟岸帻喜茫茫空阔无边看东骧神骏西翥灵仪北走蜿蜒南翔缟素高人韵士何妨选胜登临趁蟹屿螺洲梳裹就风鬟雾鬓更苹天苇地点缀些翠羽丹霞莫辜负四围香稻万顷晴沙九夏芙蓉三春杨柳

数千年往事注到心头把酒凌虚叹滚滚英雄谁在想汉习楼船唐标

铁柱宋挥玉斧元跨革囊伟烈丰功费尽移山心力尽珠帘画栋卷不及暮雨朝云便断碣残碑都付与苍烟落照只赢得几杵疏钟半江渔火两行秋雁一枕清霜

同样，为了读者能读懂，就需要断句，要加标点符号，这样读起来才明白：

五百里滇池奔来眼底，披襟岸帻，喜茫茫空阔无边。看东骧神骏，西翥灵仪，北走蜿蜒，南翔缟素。高人韵士何妨选胜登临。趁蟹屿螺洲，梳裹就风鬟雾鬓；更苹天苇地，点缀些翠羽丹霞。莫辜负四围香稻，万顷晴沙，九夏芙蓉，三春杨柳。

数千年往事注到心头，把酒凌虚，叹滚滚英雄谁在？想汉习楼船，唐标铁柱，宋挥玉斧，元跨革囊。伟烈丰功费尽移山心力。尽珠帘画栋，卷不及暮雨朝云；便断碣残碑，都付与苍烟落照。只赢得几杵疏钟，半江渔火，两行秋雁，一枕清霜。

这副对联的上联写“看”。那五百里浩瀚的滇池，在我眼前奔涌，敞开衣襟，推开冠带，这茫茫无边的碧波，多么令人欣喜啊！看吧，东方的金马山似神马奔驰，西边的碧鸡山像凤凰飞舞，北面的蛇山如灵蛇蜿蜒，南端的鹤山如白鹤翱翔。高人雅士们何不选此胜境登上高楼尽情观赏一番呢？那螃蟹似的小岛，螺蛳般的沙洲；薄雾中的绿树垂柳像少女梳理秀发一般摇曳；还有那漫天的水草，遍地的芦苇，以及点缀其间的翠绿小鸟和几抹灿烂的红霞。尽情观赏吧！切莫辜负了滇池四周飘香的稻谷，明媚阳光下的万顷沙滩，夏日婀娜的莲荷，春天依依的杨柳。

下联写“想”。数千年的往事，涌上我的心头，举起酒杯，仰头对长空感叹，那些历史长河中诸多的英雄，而今还有谁在呢？试想，汉武帝为了开辟西南到印度的通道，在长安挖凿昆明湖操练水军；

唐中宗派兵收复洱海地区，立铁柱以记功；宋太祖手挥玉斧，面对版图，将西南划在界外；元世祖率大军乘革囊及皮筏渡过金沙江，统一了云南。这些丰功伟业，真是费尽了移山的心力啊！但是朝代更迭之快，有如傍晚的雨、早晨的云一样短暂，连幕帘都来不及卷起就很快消失了；就连那记功的残碑断碣，也都倾圮在夕阳暮霭之中。到头来，只留下几声稀疏的钟声，半江暗淡的渔火，两行孤寂的秋雁，一枕清冷的寒霜。

上联写滇池及周围的风光景物，歌颂昆明的美好风光及农人的辛勤耕耘。下联联想云南历史。孙髯的长联大约写于公元1765年，当时官场腐败，民不聊生，诗人有感而发，在写景的同时抒发自己内心的感受，有力地抨击了当时的统治者。

以上这些楹联都很有名。但是，相对于园林来说，名胜联中更多的是山水联。如：

海上生明月
山中有白云（广州白云山联）

千峰拔地
万笏朝天（吉林长白山联）

青山不墨千秋画
流水无弦万古诗（安徽小孤山联）

说起名胜联，有这样一则小故事。

据说古代有个秀才，他在游览桂林斗鸡山时忽发灵感，吟出了一句：“斗鸡山上山鸡斗。”吟完后秀才自觉奇巧，逢人便炫耀，以

为无人能对。一次，他在路上碰到一位老人，便故意向老人“请教”。老人说：“这个容易。我刚从龙隐洞归来，就以‘龙隐洞中洞隐龙’对你的上联如何？”秀才听了，大为佩服，羞惭而去。

还有一个故事。

清代李调元就任广东学政时，有一次与下属到野外游玩，在路旁看见一块石碑，上面刻着：“半边山，半边路，半溪流水半溪涸。”同行的一个人说：“据说这是当年佛印考苏东坡时出的上联，把四川才子苏东坡给难住了，苏东坡只得叫黄庭坚书写上联并立碑存证，以示自己的愧疚。”李调元是四川人，他一听就知道那人在羞辱自己，于是就笑着说：“这下联苏东坡早就对好了。”众人不解，跑到碑后去找，可是什么也没找到。李调元指着石碑说：“‘一块碑，一行字，一句称联一句虚’，这不就是下联吗？”众人无不叹服。

二、行业联

据说很多年前，一家酒楼悬赏征对，上联为“三星白兰地”。应对者很多，胜出者的下联为：“五月黄梅天。”上联与下联看起来似乎没有什么关系，却是绝对。这副对联一时广为传诵，酒楼也因此而生意兴隆。

行业联以介绍该店铺的历史和特色为主。比如：

医乃仁术药乃仁源施诊不择贫富选药务须道地

爱为善行心为善本处方无分贵廉用心当可回春（苏州王鸿翥药店联）

含饴啜蜜香生齿颊俱开颜和风盈老店

嚼月尝酥味爽胸襟多快意佳誉满江南（苏州叶受和食品商店联）

在对联中嵌入字号是行业联创作的重要技巧。多年前苏州月升旅馆就有这样的对联（笔者已加了标点符号）：

读书不成，学剑不成，且作个逆旅主人，藉消日月；

送往于此，迎来于此，常愿得天涯知己，共话平生。

有个养生馆贴了下面这样一副对联：

生须养焉，外养何如内养，内养还需外养促；

养为生也，积生长伴消生，消生务要积生持。

在过去贴行业联是一种风尚，到了当下的社会，新的行业联已经不多见了。

三、宅室联

所谓宅室联，就是贴在住所里的各种对联。这类对联不仅可作装饰，更表达了主人的理想、情操、志趣等。

郑板桥曾经写过不少宅室联，以表明自己的处世之道。其中有一副是这样的：

咬定几句有用书可忘饮食

养成数竿新生竹直似儿孙

在以前，宅室联是很有讲究的，不同的居所贴的对联也是不一样的。比如：

莺儿打起防惊梦

燕子飞来故卷帘（卧室）

明月一池水

清风万卷书（书房）

随着时代的发展，现在宅室联也已经不多见了。

四、集句联

集句联可集同一作者的不同诗文，也可以集不同作者的诗文；既可以集同时代作者的诗文，也可以集不同时代作者的诗文。

集句是一种创造性劳动，作者如果没有一定文学功底是无法完成的。在集句联中，作者必须根据自己的创作目的，经过自己的选择、思考，才能从浩瀚的文山诗海中撷取素材配成佳对。从某种程度上讲，制作一副集句联要比自撰联难得多。

夕阳无限好

高处不胜寒

这是清代端方集李商隐、苏轼诗词题镇江焦山夕阳楼联。

水如碧玉山如黛

云想衣裳花想容

这是写南京莫愁湖的，联则是集薛蕙、李白诗句而成。

天若有情天亦老

月如无恨月长圆

这是北宋文学家石延年制作的集句联。上联“天若有情天亦老”出自唐李贺《金铜仙人辞汉歌》，由于要离开故土，金铜仙人感到非常悲苦，苍天因怜悯动情而为之衰老。据说司马光曾经评价此句为“奇绝无对”。一次，石延年中秋赏月，兴到即成，对出了“月如无恨月长圆”这一下联。月圆则无憾，月缺则有怨。石延年借自然现象抒发了一生不得志的抑郁和惆怅。

很多时候，上联出来以后，下联可能不止一个答案。如：

上联：

举杯邀明月（李白）

下联：

焚香看道书（王维）

或

放眼看青山（白居易）

【学学练练】

一、读读背背下面的对联

名胜联

四壁荷花三面柳

半潭秋水一房山（苏州拙政园）

虹卧石梁岸引长风吹不断

波回兰桨影翻明月照还空（北京颐和园十七孔桥）

行业联

尊师爱生风尚美

勤学苦练气象新（学校）

但愿世间人无病

何愁架上药生尘（药店）

宅室联

门墙多古意

家世重儒风

竹雨松风梧月
茶烟琴韵书声

集句联

穷不失义
富而无骄（集“四书”句）

小雨藏山客坐久
长江接天帆到迟（集黄庭坚诗句）

二、对对子

1. 夕阳西下（ ） 2. 虎耳草（ ）
3. 山青似画（ ） 4. 搜狐（ ）
5. 开心果（ ） 6. 香雪海（ ）
7. 山欢水笑（ ） 8. 云开山见面（ ）
9. 牵牛花（ ） 10. 爬山虎（ ）

三、连连看

风来花自舞　　清风万卷书
半溪流水绿　　云傍马头生
风起云行快　　千树落花红
山从人面起　　山高月上迟
明月一池水　　春到鸟能言

四、下面两副集句联分别集了谁的诗句?

夕阳无限好　高处不胜寒（ ）
江山如此多娇　风景这边独好（ ）

五、下面的对联分别适合哪个行业？

1．创人间头等大事　理世上万缕青丝（　　　　）

2．藏古今学术　聚天地精华（　　　　）

3．大好河山收眼底　满天云彩铺路基（　　　　）

4．千秋伟业千秋福　一寸光阴一寸金（　　　　）

第五课　对联小故事

【读读记记】

讲几个关于对联的小故事。

1．祝枝山出题

祝枝山是苏州才子，擅长写诗和对对联。有一次，祝枝山和一位名叫徐子健的师爷打起了对对子的擂台。徐子健自恃有点才华，就特别傲气，一般人都不被他放在眼里，他甚至夸下海口说这个世界上没有能难住他的对子。巧的是，他遇到了同样很自负的祝枝山，于是他提出要和祝枝山比一比对对子。

祝枝山当然不会怯场，他问道："谁出？谁对？"

徐子健自信满满地说道："当然是你出我对啦！"

祝枝山微微一笑，说出了上联："三塔寺前三座塔。"

徐子健听到上联后脱口道："嗨，好简单！"他笃悠悠地说出了下联："五台山上五层台。"然后得意地看着祝枝山，他的意思是：我已经对出下联啦，你可以出新对子啦！

不料祝枝山笑道："不急，刚才的上联我还能加字呢。"

徐子健道："这有什么难的，我也能加字的。"

祝枝山也不接他的话，自顾自吟道："三塔寺前三座塔，塔、

塔、塔。”

徐子健顺口接道：“五台山上五层台，台……”还没说完，徐子健就发现自己说不下去了，总不能一口气连说五个“台”字吧？

祝枝山看着徐子健尴尬的样子大笑道：“怎么样，‘台（抬）’不动了吧？”说罢扬长而去。

2. 郑板桥喝茶

郑板桥是清代著名画家，也是“扬州八怪”的重要代表人物。传说有一天，郑板桥到闹市的一家茶馆去吃茶。

这家茶馆的老板是个势利眼，他见郑板桥衣着朴素，看上去瘦瘦的，就随随便便地对郑板桥招呼了一声：“坐。”接着又对茶博士叫了声：“茶。”然后就忙自己的事去了。郑板桥也不言语，只管欣赏店堂墙壁上悬挂的几幅字画。

店老板见郑板桥如此专注于字画，便在心里思忖道：“这小老头看来是个读书人。”不禁对郑板桥多了一点敬意，于是改口道：“请坐。”然后又回头吩咐茶博士道：“泡茶。”

不多一会，店里有认识郑板桥的人高声喊：“板桥先生！板桥先生！您来此吃茶呀？”

店老板这才知道原来这个清瘦的老头是大名鼎鼎的郑板桥！他立马上前对郑板桥道：“请上坐！请上坐！”边说边不停地作揖，又对伙计高声道：“泡好茶！泡好茶！”

郑板桥见老板如此殷勤，客气了两句，坐了上座，开始吃好茶。

临走时，机灵的店老板命伙计奉上纸笔，请求郑板桥留下墨宝做纪念。

郑板桥爽快地答应了，挥毫为店老板写下了这样一副对联：“坐请坐请上坐，茶泡茶泡好茶。”这副对联对仗极工整，字面看起来也很简单，却以寥寥12字刻画出了店老板的势利嘴脸。店老板也知道郑板桥是在批评自己，红着脸接过了对联，命伙计拿去装裱起来。从那以后，他再也不以貌取人了。

3. 解缙以联求茶

明代文学家解缙是大才子，自幼聪明绝顶，博览群书，他二十岁的时候就中了进士，书法与诗文都很有建树。明成祖朱棣时，他主持纂修了《永乐大典》，为后人留下了宝贵的百科全书式的资料。他自己也留下了很多文化趣闻。

解缙天资聪颖，18岁就在江西的乡试中一举夺魁，获得了“解元”的功名。第二年，解缙又顺利地考中了进士，受到了当时皇帝朱元璋的器重。远近乡里和朝野都知道解缙学问了不得，就是放到现在来看，这么年轻就考中进士也是很少见的。要知道，在科举时代，很多读书人考到头发白了都没有得到功名呢。

有一次，解缙登山游玩，爬到半山腰时口渴了，正巧山道边有个草庐，解缙便进去讨茶喝。一位白发苍苍的老人问他是何人，解缙正少年得志，只听他很骄傲地回答道：“我乃解缙解解元是也！”

白发老人道：“啊，你就是号称‘神童’的解缙呀。要喝茶你得先跟我对个对子，对得好，自有好茶奉上。”

解缙满不在乎地说道：“老丈请讲。”

白发老人略作沉思后缓缓地说出了上联：“一碗清茶，解解解元之渴。”

解缙没想到自己的名字和功名被嵌入了对联，而且又切合自己的口渴状态，他不禁暗自赞叹老人家的巧思，这时的他心里有点没底：这个上联真是妙绝，下联对啥呢？看来这茶是要喝不成了。他打算告辞，临出门前他问道：“老人家，敢问您贵姓？”

“鄙人姓乐。”

解缙又问道：“您一直住在这山里吗?”

“不，老夫过去在朝廷乐府供职。”

解缙闻听此言不禁心头一喜，这时的他对下联有了八九分把握。他又指着墙上挂着的七弦琴道：“老人家，可以弹上一曲否?”

老人家取下琴，奏了一曲《高山流水》。曲刚奏毕，解缙便拊掌大笑道：“我对上了！对上了!”待老人家把琴归置好，解缙谦逊地念道：“七弦妙曲，乐乐乐府之音。”

老人家满意地笑着给解缙端上了一杯好茶。

这副对联妙在上联三个“解”字。第一个“解”念 jiě，解除的意思；第二个“解”念 xiè，是解缙的姓；第三个“解”和“元”联用，说的是解缙的功名身份。在创作下联时，才华横溢的解缙就地取材，从老人的姓氏入手，以三个“乐”对三个“解”，第一个“乐”读 lè，动词，喜欢的意思；第二个“乐”读 yuè，是老者的姓氏；第三个“乐”读 yuè，和“府”联用，指的是老人家的职业身份。上下联对仗工整，堪称妙联。

4．画上荷花和尚画

李调元是著名戏曲理论家，也是诗人，他和张问陶、彭端淑等合称为“清代蜀中三才子”。李调元能够有这么高的文学成就和他天资聪颖、勤奋苦读有关。李调元出身书香世家，自幼便在父亲的严格指导下攻读诗书。他记忆力特别好，读过的诗文大多过目不忘，他也是创作对联的高手。

李调元 29 岁即以第二名的优异成绩考取进士功名，进入翰林院做了翰林院编修。一天，他到川东的某座山上游玩。山上恰好有座庙，庙里的和尚听说是才华横溢的李调元来了，赶紧亲自出来接待。

长老热情好客，李调元在他的带领下山前山后、庙里庙外逛了个遍。长老见李调元兴致很高，便把他请到方丈室内，办了一桌很丰盛的素斋款待他。席间，细心的李调元见长老几次欲言又止，便主动问道："敢问长老，有何见教?"长老这才说出了原委。

原来，这位长老的师父擅长画画，尤其擅画荷花，他的一幅荷花画是这座庙里的宝贝。偏巧这幅画给狂放不羁的才子唐伯虎看到了，长老的师父便请唐伯虎为自己的画题字。唐伯虎也不推辞，只见他端详那几枝荷花片刻便龙飞凤舞起来，很快长老师父的那幅画上便多了几个字："画上荷花和尚画。"

当时的长老还是年轻的小和尚，他正要请教唐伯虎，唐伯虎已经开口道："我走之后，如果有人能够对出下联，此人肯定是奇才!"说完甩笔而去。

多少年过去了，当年的小和尚已经变成了年纪一把的长老，而一直无人能够对出下联。

长老的一番话吊起了李调元的兴致，他立即让长老把那幅荷花画拿出来给自己看。画轴慢慢打开，李调元定睛一看，果然画妙字绝，珠联璧合，遗憾的就是缺了下联。他在方丈室内反复吟诵上联，终于发现了其中的妙处。原来，这句七字联无论正过来读还是倒过来读，读音都一样，他明白了：难怪唐伯虎要留下那句"狂言"啊，此中奥妙不浅!

不一会，李调元微微一笑，对长老道："大和尚，请借墨砚一用。"

长老诚惶诚恐地将大号提笔捧给李调元道："请大人锦上添花。"

只见李调元提笔在手，胸有成竹地挥毫在唐伯虎的上联旁写下了七个字："书临汉墨翰林书。"

书写方毕，长老连声叫绝："妙对呀妙对！"

从此，这幅画、字、联"三绝"的荷花画就被作为这座寺庙的镇庙之宝，挂在方丈室内了。

5．苏黄吟诗赏月

苏东坡性格豪放、交游广泛，他在杭州任知州时喜欢与西湖寺僧交朋友。他和圣山寺的佛印和尚最要好，民间留下了不少关于他们的传说。

佛印和尚喜欢美食，每逢苏东坡请客吃饭，只要他知道，肯定是不请自来。

有一天晚上，苏东坡邀请黄庭坚游西湖，出发前他叫人备了丰盛的酒菜带到船上，准备大快朵颐。这次苏东坡没有请佛印。游船缓缓地离岸，苏东坡对黄庭坚道："我们每次聚会佛印都要赶过来，这次我偏没有让他知道我们的游玩计划。今晚我们乘船到湖心去喝酒吟诗，玩个痛快！"不多久，船就驶了很远，苏东坡得意地大笑道："这下佛印无论如何也来不了啦！"实际上，佛印消息可灵通了，他老早就打听到苏东坡要和黄庭坚游湖，但是他也不动声色，而是趁他俩还没上船就藏在了船舱板底下。

夏天的西湖夜晚别有一番情致，明月当空，凉风中夹着阵阵荷花香，吹得苏东坡和黄庭坚雅兴大发。苏东坡把着酒杯，拈着胡须，兴奋地对黄庭坚道："今天没有佛印，我们倒也清静，趁此美景，不妨来行个酒令吧，前两句即景，后两句要用'哉'字结尾，你看如何？"黄庭坚道："此计甚妙！"

苏东坡先吟道："浮云拨开，明月出来，天何言哉？天何言哉？"

这时，湖中的荷花随风颤动，送来阵阵幽香，黄庭坚手指荷花道："莲萍拨开，游鱼出来，得其所哉！得其所哉！"

其实躲在船舱板底下的佛印把苏、黄二人的酒令听了个明明白白，他终于按捺不住了，急不可耐地推开船舱板一边往外爬一边接道："船板拨开，佛印出来，憋煞人哉！憋煞人哉！"

明晃晃的月光下，苏东坡和黄庭坚看见船舱板底下突然爬出个人来，吓了一大跳，仔细一看，原来是佛印，又听他吟出这样的诗来，禁不住大笑起来。

苏东坡拉着佛印就座，笑着说道："你藏得好，对得也妙，没想到今天还是被你吃上了！"

于是三人饮酒、吟诗、游湖，不亦乐乎。

6. 科学家巧对

我国不少著名科学家也有较好的国学功底，他们创作的对联别有情趣。1953 年，物理学家钱三强率科学考察团出访，团员有华罗庚、赵九章等知名学者。

途中闲暇无事，科学家们少不得谈古论今。这时华罗庚灵感突发，即景生情，撰出了上联："三强韩赵魏。"

"三强"说的是战国时期韩、赵、魏三个强国，却又隐含了代表团团长钱三强的名字，这样在对下联时不仅要解决数字联中难对的困难，而且还要在下联中嵌入一位科学家的名字。看来要给寥寥数字的上联对出工整的下联难度不小。大家都在努力思考，只想早点对出下联。

过了一阵，只见华罗庚不慌不忙地吟出了下联："九章勾股弦。"

"九章"指我国古代著名的数学著作《九章算术》，这本书首次记载了我国数学家所发现的勾股定理。巧妙的是，"九章"又是我国著名物理学家赵九章的名字。

对得如此之妙，满座都为之倾倒！

【学学练练】

一、读读背背

水帘洞—石库门

东坡肉—西湖鱼

清明雨—唐宋词

水漫金山—火烧赤壁

北海牧羊—南山放马

鱼眼波底月—蜂戏镜中花

铁肩担道义—妙手著文章

二、对对子

1. 北海（　　　　）
2. 上网（　　　　）
3. 结果（　　　　）
4. 莺歌燕舞（　　　）
5. 春归何处（　　　）
6. 先遣队（　　　　）
7. 青山不老（　　　）
8. 吸尘器（　　　　）
9. 手电筒（　　　　）
10. 羊肠小道（　　　）

三、连连看

1.

一溪流水绿	银灯万树花
宇宙乾坤大	深谷看云飞
风云三尺剑	千树落花红
明月千门雪	花鸟一床书
幽林听鸟语	江山日月长

2.

长乐路	湖心亭
地中海	水仙花
山海关	牡丹亭
木贼草	莫愁湖
杨柳岸	水月寺

四、在下面的对联中填上合适的字

1. 月缺月圆，缺似（　　　　）圆似（　　　　）；
   雪飞雪缀，飞如（　　　　）缀如（　　　　）。
2. 咸蛋剖开两叶舟，内载黄金白玉；
   石榴打破一花罐，中藏（　　　　）。

第六课　苏州的名胜联

【读读记记】

名胜联是对联的一种。

苏州以园林闻名中外，园林内多亭台楼阁，因此留下了数量丰富、质量很高的名胜联。

林承强是位读书人，他为苏州园林拟了这样一副对联：

山庄环秀鱼跃沧浪虎丘焕彩瑞塔雄巍拙政园中居雅士

艺圃涵霞钟敲寒山狮子呈祥灵岩秀峙报恩寺里隐诗仙

这副对联巧妙地嵌入了苏州的主要园林——环秀山庄、沧浪亭、虎丘、瑞光塔、拙政园、艺圃、寒山寺、狮子林、灵岩山、报恩寺。

需要注意的是，我们在实际生活中看到的对联都是自上而下书写的，而且中间没有任何标点符号，必须有一定的文化基础才能读懂，现在读长的楹联一般都会给它加上标点符号，这样才便于读懂。比如刚才举的林承强所制长联，加上标点符号后是这样的：

山庄环秀，鱼跃沧浪，虎丘焕彩，瑞塔雄巍，拙政园中居雅士；

艺圃涵霞，钟敲寒山，狮子呈祥，灵岩秀峙，报恩寺里隐诗仙。

下面给大家介绍苏州一些主要园林中的楹联。

一、虎丘

1. 俞樾题虎丘联

虎阜寻游踪乘兴而来尽饶看十里烟花三秋风月

狮峰观对面会心不远任领取云中林树画里亭台

加上标点符号后如下：

虎阜寻游踪，乘兴而来，尽饶看十里烟花，三秋风月；

狮峰观对面，会心不远，任领取云中林树，画里亭台。

虎丘山风景名胜区位于苏州古城西北角，有2500多年的悠久历史，并且有着“吴中第一名胜”“吴中第一山”的美誉，宋代大诗人苏东坡曾经发出过“到苏州不游虎丘，乃憾事也！”的慨叹。

2. 俞樾题憨憨泉联

一勺试清泉此邦故老相传都道是谽师卓锡峰头遗迹

数椽营胜地我辈闲人游览勿徒向真娘埋香冢畔题诗

加上标点符号后如下：

一勺试清泉，此邦故老相传，都道是谽师卓锡峰头遗迹；

数椽营胜地，我辈闲人游览，勿徒向真娘埋香冢畔题诗。

憨憨泉在虎丘真娘墓旁。真娘是唐代名妓。

3. 洪钧题虎丘可中亭联

梁代溯灵踪有情应感沧桑几辈复登山来挹清泉洗眼

吴宫征美实无恙尚留花草何人能说法且看顽石点头

加上标点符号后如下：

梁代溯灵踪，有情应感沧桑，几辈复登山，来挹清泉洗眼；

吴宫征美实，无恙尚留花草，何人能说法，且看顽石点头。

4. 虎丘塔影桥联

横波留塔影

达岸接山光

虎丘塔影桥是一座月牙形石桥，有“形如半月，势若飞虹”之誉。相传吴王和西施常到这里夜游，双双倩影倒映水中，颇为浪漫。后来山上有了塔，塔影倒映水中，桥便因此而得名。

5. 洪钧题拥翠山庄联

问狮峰底事回头想顽石能灵不独甘泉通法力

为虎阜别开生面看远山如画翻凭劫火洗尘嚣

加上标点符号后如下：

问狮峰底事回头，想顽石能灵，不独甘泉通法力；

为虎阜别开生面，看远山如画，翻凭劫火洗尘嚣。

拥翠山庄是一座山中园林，依据虎丘山的山势筑成，是晚清时期苏州状元洪钧发起兴建的。庄中有抱甕轩、灵澗精舍和问泉亭等建筑。狮峰，即狮子山，在虎丘西南方，俗话有“狮子回头望虎丘”之说。

此联语写在憨憨泉上的拥翠山庄里，所以有“不独甘泉通法力”一句；而和甘泉对应的“顽石”，则是指的点头石。因为虎丘有此石此泉，还有其他胜迹，所以狮峰（狮子山）要回头望虎丘了。下联“翻凭劫火洗尘嚣”，说的是当年一次火灾把山前夹道的店铺都烧了，才使虎丘“别开生面，看远山如画”。这正如今人所说的坏事变好事，所以用了一个“翻”字。

6. 虎丘冷香阁联

高阁此登临试领略太湖帆影古寺钟声有如蓟子还乡触手铜仙总凄异

大吴仍巨丽最惆怅恨别禽心感时总泪安得生公说法点头顽石亦慈悲

加上标点符号后如下：

高阁此登临，试领略太湖帆影、古寺钟声，有如蓟子还乡，触手铜仙总凄异；

大吴仍巨丽，最惆怅恨别禽心、感时总泪，安得生公说法，点

头顽石亦慈悲。

“铜仙”出自唐代诗人李贺《金铜仙人辞汉歌序》。生公：即道生法师，南朝高僧。点头顽石：相传生公说法时池中的石头也听得入迷点头，故有“顽石点头”之说。

7. 林琛题虎丘抱绿渔庄联

聆棹歌声辨云树影掬月波香水绿山青此地有出尘遐想

具著作才兼书画癖结泉石缘酒狂花隐其人真绝世风流

8. 虎丘花雨亭联

俯水枕石游鱼出听

临流枕石化蝶忘机

9. 虎丘花神庙联

一百八记钟声唤起万家春梦

二十四番花信吹香七里山塘

10. 虎丘三笑亭联

桥跨虎溪三教三源流三人三笑语

莲开僧舍一花一世界一叶一如来

11. 虎丘一榭园授书堂联

绛帐施教问字金笺先生善喻明后学

焚香开卷谈经玉版后学真诚拜先生

12. 虎丘一榭园壶天小阁联

壶天日月听松雨

洞水花萝煮菊茶

二、网师园

网师园是苏州著名的古典园林，位于苏州古城东南部。其建筑特色是园林与住宅紧密相连，浑然一体。园分东、中、西三部分。

东部为住宅，中部是主园，西部是内园。整个布局以封闭为主，整齐而均衡。

1. 网师园濯缨水阁联

于书无所不读

凡物皆有可观

网师园濯缨水阁在园中池塘的南岸，与紧傍的“云岗”一起形成了轻重错落、参差跌宕的艺术效果。

2. 网师园看松读画轩联

满地绿阴飞燕子

一帘晴雪卷梅花

3. 网师园看松读画轩联

风风雨雨暖暖寒寒处处寻寻觅觅

莺莺燕燕花花叶叶卿卿暮暮朝朝

网师园看松读画轩内部陈设典雅，四周景色层次丰富，若断若续，在布局上与水池高低俯仰，协调合理，是网师园的主要建筑。

4. 何绍基题网师园小山丛桂轩联

山势盘陀真是画

泉流宛委遂成书

小山丛桂轩是网师园中的主要建筑，四面厅结构，取《楚辞·招隐士》“桂树丛生兮山之幽”和庾信《枯树赋》“小山则丛桂留人”句意为名。轩前轩后叠石，花台上广植桂花，雍容幽雅。到了秋天，这里桂子飘香，沁人心脾。

5. 何绍基题网师园殿春簃联

巢安翡翠春云暖

窗护芭蕉夜雨凉

殿春簃在网师园西北部，为网师园中的一处独立庭院，是一组仿明代古朴爽洁风格的建筑。殿春簃匾额下有跋文："庭前隙地数弓，昔之芍药圃也，今仍补植，已复旧观。"芍药在春末时开放，故称"殿春"，阁边小屋称作"簃"，此建筑即以"殿春簃"为名。

三、留园

留园位于苏州阊门外留园路，以园内建筑布置精巧、奇石众多而知名，与拙政园、网师园、耦园等被联合国教科文组织列入世界文化遗产名录。

1. 留园可亭联

飞来乍讶从灵鹫

下拜何妨学米颠

2. 留园冠云楼联

此峰疑天外飞来历劫饱风霜敻绝尘寰谁仲伯

斯地为吴中最胜后堂绕丝竹婆娑岁月若神仙

加上标点符号后如下：

此峰疑天外飞来，历劫饱风霜，敻绝尘寰谁仲伯；

斯地为吴中最胜，后堂绕丝竹，婆娑岁月若神仙。

冠云楼与伫云庵自成院落，优雅而娴静。

3. 留园五峰仙馆联

雨后静观山意思

风前闲看月精神

4. 陆润庠题留园五峰仙馆北厅联

读书取正读易取变读骚取幽读庄取达读汉文取坚最有味卷中岁月

与菊同野与梅同疏与莲同洁与兰同芳与海棠同韵定自称花里

神仙

加上标点符号后如下：

读书取正，读易取变，读骚取幽，读庄取达，读汉文取坚，最有味卷中岁月；

与菊同野，与梅同疏，与莲同洁，与兰同芳，与海棠同韵，定自称花里神仙。

四、拙政园

拙政园位于苏州城东北部，是国务院首批全国重点文物保护单位，与苏州留园、承德避暑山庄、北京颐和园并称为“中国四大名园”，是明代江南园林的代表作，为苏州重要游览胜地。据传园址原为唐代诗人陆龟蒙故宅遗址。全园占地78亩，以水为中心，分东、中、西三部分，“旷若郊墅”。明代王献臣在此旧址上建筑园林，并取晋代潘岳《闲居赋》中“筑室种树，逍遥自得……此亦拙者之为政也”之意，取园名为“拙政”。拙政园景观有其独特风貌，具有乡风野趣。景与景之间以桥廊相连，楼台掩映，游人至此，常流连忘返。

1. 陈从周题拙政园大门联

风月一丘壑

今古几楼台

2. 张之万题远香堂联

曲水崇山雅集逾狮林虎阜

莳花种竹风流继文画吴诗

远香堂是拙政园中部的主体建筑，北有平台池水，隔池与东西两山岛相望，黄山假石，古木交柯，重峦叠翠，是拙政园中的主要景点。

3. 拙政园与谁同坐轩联

江山如有待

花柳更无私

与谁同坐轩，取古人词句“与谁同坐，明月清风我”为轩名。平台作扇形，轩内桌、凳、窗洞均为扇形，所以又名“扇亭”。

4. 拙政园卅六鸳鸯馆联

绿意红情春风夜月

高山流水琴韵书声

卅六鸳鸯馆是拙政园西部的重要景点。此地有名贵的曼陀罗花（山茶），北面水池中有五色睡莲，并曾蓄养卅六对鸳鸯，馆也因此而得名。旧时此馆曾作为舞台，供演出之用。

5. 拙政园绣绮亭联

闲寻诗册应多味

得意鱼鸟来相亲

绣绮亭在远香堂对岸东侧土山上，土山周围广植牡丹、芍药，春天这里花团锦簇，故以“绣绮”为亭名。

6. 拙政园荷风四面亭联

四壁荷花三面柳

半潭秋水一房山

荷风四面亭坐落在拙政园中部池中小岛上，是一座单檐六角敞亭，四周荷花满池，仲夏季节，柳荫丛密，荷风轻拂，幽香四溢，亭也因此而得名。

7. 郑燮题拙政园见山楼联

束云归砚匣

裁梦入花心

见山楼三面临水，登上此楼，园中景物尽收眼底。这里景色幽雅，颇具乡村野趣。

8. 拙政园得真亭联

松柏有本性

金石见盟心

五、沧浪亭

沧浪亭，位于苏州市三元坊沧浪亭街，始为北宋文人苏舜钦的私人花园，是苏州现存诸园中历史最为悠久的园林，也是全国重点文物保护单位，并被联合国教科文组织列入世界文化遗产名录。

1. 梁章钜题沧浪亭联

清风明月本无价

近水远山皆有情

2. 康熙题沧浪亭御碑亭联

膏雨足时农户喜

县花明处长官清

县：通假字，通“悬”。

六、怡园

怡园，位于苏州古城中心，为清光绪年间所建，原为晚清官员顾文彬的私人花园。

怡园占地面积并不算大，中间用一道复廊相隔，分成东、西两个部分。复廊墙壁饰有花窗。园东以建筑为主，有坡仙琴馆和拜石轩等。园西以水为胜，藕香榭、小沧浪等景观装点其间，别有一种山水田园情趣。整个怡园构筑典雅、剔透，更有明代董其昌等著名书法家的书法石刻碑廊，是重要的历史文化遗产。怡园也被联合国教科文组织列入世界文化遗产名录。

1. 吴骞题怡园小沧浪联

清斯濯缨浊斯濯足

智者乐水仁者乐山

2. 怡园小沧浪联

冷石生云明波洗月

悬崖拥槛篆径通花

小沧浪是一座六角形小亭，亭后有三块大石，好像是从天而降的屏风，上刻“屏风三叠”四字，是怡园镇园之宝。

3. 怡园画舫斋联

长松百尺不自觉

春江万斛若为量

4. 怡园画舫斋联

松阴满涧闲飞鹤

潭影通云暗上龙

怡园画舫斋旱船的底层有“舫斋赖有小溪山”匾额，系耦园主人沈秉成题书，笔力遒劲，颇有功力。前舱门匾额上有篆书“碧涧之曲 古松之阴”的题词，原为俞樾篆书，后为谢孝思补书。

5. 怡园藕香榭联

曲槛俯清流暝烟两岸斜日半山横枕鳌峰水面倒衔苍石

晴空摇翠浪花露侵诗槐薰入扇凉生蝉翅柳阳深锁金铺

加上标点符号后如下：

曲槛俯清流，暝烟两岸，斜日半山，横枕鳌峰，水面倒衔苍石；

晴空摇翠浪，花露侵诗，槐薰入扇，凉生蝉翅，柳阳深锁金铺。

怡园藕香榭内陈列有黄杨、楠木树根桌椅，一半天然、一半人工，其中有清初如皋文士冒辟疆遗物。

6. 怡园石听琴室联

素壁写归来画舫行斋细雨斜风时候

瑶琴才听彻钧天广乐高山流水知音

7. 怡园南雪亭联

飞鸟翻空窥鱼笑汝痴计

浮图倒影与鸥同一清波

8. 怡园锄月轩联

竹外疏花冷香飞上诗句

梅边吹笛此地宜有词仙

七、狮子林

狮子林始建于元代至正二年（1342），是中国古典私家园林建筑的代表之一，同时又是世界文化遗产、全国重点文物保护单位。因园内多竹，竹下多怪石，状如狻猊（狮子），又因天如禅师惟则得法于浙江天目山狮子岩，为纪念佛陀衣钵、师承关系，便取佛经中狮子座之意，给这座园林取名为“狮子林”。

1. 狮子林立雪堂联

苍松翠竹真佳客

明月清风是故人

立雪堂在园的东部，以“程门立雪”典故而得名，原来是主人的书斋，也是寺里和尚传法的地方。堂内小院中有湖石若干，形如牛、蟹、雄狮和青蛙等。

2. 狮子林燕誉堂联

具峰岚起伏之奇晴云吐月夕照含晖尘劫几经年胜地重新狮子座

于觞咏流连而外赡族承先树人裕后名园今得主高风不让谢公墩

加上标点符号后如下：

具峰岚起伏之奇，晴云吐月，夕照含晖，尘劫几经年，胜地重新狮子座；

于觞咏流连而外，赡族承先，树人裕后，名园今得主，高风不让谢公墩。

燕誉堂是整个狮子林的主厅，取《诗经》“式燕且誉，好尔无射”句中的“燕”“誉”二字合为堂名。谢公墩，小山名，在今江苏南京，晋代时谢安曾居于此，是金陵四十八景中最具有人文气质的一个景点。

3. 刘墉题狮子林指柏轩联

趣诗雅有高人和

吹笛闲寻野鹤听

指柏轩位于园的北部，为园内正轩，是一座两层楼的建筑，楼内横额上题有“揖峰指柏”四字。指柏轩全名为“揖峰指柏轩”，一说是源自“赵州指柏”的典故，另一说是由朱熹“前揖庐山，一峰独秀出”和高启“笑指庭前柏”诗句而得名。该建筑为园中主要景观。

4. 狮子林真趣亭联

晓风柳岸春先到

夏日荷花午不知

真趣亭在园的北部，傍池而建，“真趣”匾额是清乾隆皇帝游狮子林时所题。亭内画栋雕梁、金碧辉煌，显示出与素雅的江南园林建筑完全不同的皇家气派。亭四周景色如画，东可见临水的花篮厅；南则见近处假山及隔水相望的假山群，西边有山林和瀑布。向西望去，湖心亭、九曲桥与石拱桥把湖面分隔为近、中、远三景，显得意味深远。

5. 俞樾题狮子林扇亭联

相逢柳色还青眼

坐听松声起碧涛

扇亭，即扇子亭，在园的西南部，筑于曲尺形两廊之间，与廊贯通，建筑形状如一把打开的折扇，亭便因此而得名。由扇亭内向外望去，近处有假山，山道蜿蜒；向北望，岛上有紫藤架与石拱桥；向东望是黄石假山“小赤壁”，池水从山下洞中穿过，好似一幅生机盎然的立体画卷。

八、灵岩山

1. 叶恭绰题灵岩山继庐亭联

大路一条到此齐心向上

好山四面归来另眼相看

2. 印光题灵岩山山门联

净土法门普被三根实如来成始成终之妙道

弥陀誓愿全收九界示众生心作心是之洪猷

3. 印光题灵岩山寺大雄宝殿联

冀有情共证真常本寂灭心说圆通法

期含识同登觉岸依一实道开方便门

九、寒山寺

1. 陆润庠题苏州寒山寺联

近郭古招提毗连浒墅名区渔水秋深涵月影

傍山新结构依旧枫江野渡客船夜半听钟声

2. 启功题寒山寺联

佛祖传心如指月

诗人得句在闻钟

3. 邹福保题寒山寺联

尘劫历一千余年重复旧观幸有名贤来作主

诗人题二十八字长留胜迹可知佳句不须多

加上标点符号后如下：

尘劫历一千余年，重复旧观，幸有名贤来作主；

诗人题二十八字，长留胜迹，可知佳句不须多。

“二十八字”指唐代张继的《枫桥夜泊》诗，全诗共二十八字。

4. 柯继承题寒山寺联

华楼杰阁惟为晨钟暮鼓唤醒梦迷客

寺月江枫总凭佛号经声惊觉苦海人

5. 顾廷龙题寒山寺联

松声涛声钟鼓声梵呗声声闻缘觉

天意人意圣贤意无尽意意入佳境

【学学练练】

一、你能在心里给下面的楹联加上标点符号并读出来吗?

1. 曲水崇山雅集逾狮林虎阜
   莳花种竹风流继文画吴诗（张之万题远香堂联）
2. 华楼杰阁惟为晨钟暮鼓唤醒梦迷客
   寺月江枫总凭佛号经声惊觉苦海人（寒山寺联）
3. 素壁写归来画舫行斋细雨斜风时候
   瑶琴才听彻钧天广乐高山流水知音（怡园坡仙琴馆联）
4. 风风雨雨暖暖寒寒处处寻寻觅觅
   莺莺燕燕花花叶叶卿卿暮暮朝朝（网师园看松读画轩联）

5. 桥跨虎溪三教三源流三人三笑语

   莲开僧舍一花一世界一叶一如来（虎丘三笑亭联）

二、利用休息时间去附近的园林走走，读读那些亭台楼阁上的楹联，并把你感兴趣的楹联抄下来

第三单元　读古诗，显儒雅

第一课　古诗里的自然景观

【读读记记】

一、古诗中的春夏秋冬

古诗中藏着春夏秋冬呢！四季景色各异，在诗人的笔下各具特色，美不胜收。

1．春天

碧玉妆成一树高，万条垂下绿丝绦。（咏柳·唐·贺知章）

泥融飞燕子，沙暖睡鸳鸯。（绝句·唐·杜甫）

两个黄鹂鸣翠柳，一行白鹭上青天。（绝句·唐·杜甫）

竹外桃花三两枝，春江水暖鸭先知。（惠崇春江晚景·宋·苏轼）

诗人笔下的春天，柔柳飘舞、桃花盛开，燕子归来、鸳鸯酣睡，黄鹂鸣啼、白鹭高飞，春江水暖、群鸭戏水，好一派迷人的美景啊，一切都是那样的欣欣向荣，充满希望！

古诗中描写春天美景的佳句特别多：

春　晓

（唐·孟浩然）

春眠不觉晓，处处闻啼鸟。夜来风雨声，花落知多少？

春夜喜雨

（唐·杜甫）

好雨知时节，当春乃发生。随风潜入夜，润物细无声。
野径云俱黑，江船火独明。晓看红湿处，花重锦官城。

游园不值

（宋·叶绍翁）

应怜屐齿印苍苔，小扣柴扉久不开。
春色满园关不住，一枝红杏出墙来。

江畔独步寻花

（唐·杜甫）

黄师塔前江水东，春光懒困倚微风。
桃花一簇开无主，可爱深红爱浅红？

2. 夏天

六月二十七日望湖楼醉书

（宋·苏轼）

黑云翻墨未遮山，白雨跳珠乱入船。
卷地风来忽吹散，望湖楼下水如天。

晓出净慈寺送林子方

（宋·杨万里）

毕竟西湖六月中，风光不与四时同。
接天莲叶无穷碧，映日荷花别样红。

小 池

（宋·杨万里）

泉眼无声惜细流，树阴照水爱晴柔。

小荷才露尖尖角，早有蜻蜓立上头。

读着这样的古诗，你是不是仿佛听见了狂风大作、暴雨如注的声音？是不是仿佛看见了乌云翻滚、碧水如天、小荷尖细、蜻蜓俏立的情景？在诗人的笔下，夏天别有一番滋味，有声音，有画面，读来仿佛身临其境！

3. 秋天

停车坐爱枫林晚，霜叶红于二月花。（山行·唐·杜牧）

月落乌啼霜满天，江枫渔火对愁眠。（枫桥夜泊·唐·张继）

诗人笔下的秋天也各不相同，有积极向上的，也有悲苦忧愁的。如果像杜牧那样以欣赏的眼光来看秋景，霜叶比二月的鲜花还要火红、热烈，会觉得秋天是如此美好。如果像张继那样怀着惆怅的思绪来看秋景，那就只能“对愁眠”了。

4. 冬天

江 雪

（唐·柳宗元）

千山鸟飞绝，万径人踪灭。

孤舟蓑笠翁，独钓寒江雪。

塞下曲

（唐·卢纶）

月黑雁飞高，单于夜遁逃。

欲将轻骑逐，大雪满弓刀。

冬天，“月黑雁飞高”“大雪满弓刀”，读着这两句诗，是不是也要不由自主地缩起脖子抵御寒气？诗人用寥寥数语就描绘出了严冬边塞的寒冷肃杀景象。这就是诗的魅力。

二、古诗中的山水田园

除了吟咏四季景物之外，诗人还喜欢寄情山水，描述田园生活。

望天门山

（唐·李白）

天门中断楚江开，碧水东流至此回。

两岸青山相对出，孤帆一片日边来。

李白字太白，号青莲居士，又号“谪仙人”，是盛唐时期著名的浪漫主义大诗人，被誉为“诗仙”，又与杜甫并称为“李杜”。他的诗风豪迈奔放，清新飘逸，想象丰富，意境奇妙，语言清奇，立意清新，对后世的诗歌创作产生了重要影响。代表作有《望庐山瀑布》《行路难》《蜀道难》《将进酒》《梁甫吟》《早发白帝城》等，有《李太白集》传世。

翻译：高高的天门山被滚滚而来的长江水拦腰断开，碧绿的江水东流到此回旋激荡，向北汹涌而去。两岸的青山巍峨险峻，相对耸峙，一叶孤舟从天边飞速飘来。

这首诗是李白在赴江东途中行至天门山时所作。李白生性浪漫，爱好游历名山大川，也因此创作了很多写景抒情、歌咏大好河山的优秀诗篇。

这首诗写诗人乘船沿着长江溯流而上，远望天门山的情景。碧水青山、银帆红日，有动有静，动静结合，组合成了一幅色彩绚丽的画面。长江是这首诗的核心景点，它也赋予画面以动感。随着诗人行舟，山断江开，东流水回，两岸青山相对迎出，孤帆从日边飞

速驶来——作者用“断”“开”“流”“回”“出”“来”将诗中的意象由远及近再由近及远一一予以呈现，一系列山水景物跃跃欲出，极富动态美，更突出体现了天门山一带的雄奇阔远。

全诗既给读者以惊心动魄之壮美（第一、二两句），又使读者感受到了轻盈之美（“孤帆一片日边来”），这也正是李白浪漫主义诗歌的重要特征。

望洞庭

（唐·刘禹锡）

湖光秋月两相和，潭面无风镜未磨。

遥望洞庭山水翠，白银盘里一青螺。

这首诗的作者是唐代诗人刘禹锡。刘禹锡字梦得，进士出身的他诗文俱佳，涉猎题材广泛，与柳宗元并称“刘柳”，与韦应物、白居易合称“三杰”，并与白居易合称“刘白”。有《刘梦得文集》等存世。

这也是一首山水诗，为读者展示了洞庭湖的美好夜晚。

翻译：夜晚的洞庭湖湖光与月色交相融合，水面波平浪静，就好像是未曾磨过的铜镜。远远望去，洞庭湖中的君山翠绿一片，好像是白银盘里盛放的一枚青螺。

刘禹锡的诗文向以平白如话见长，这首诗也不例外。作者从湖光月色“两相和”着墨，展示了宏大的湖面风光——这时月亮初升，湖光与月色交融。下一句接着描写湖面的平静，这时的洞庭湖好似一面没有磨过的铜镜。第三句则是描写湖中君山的色彩——一片翠绿。这里的“山水”实际只是指“君山”。第四句里作者用“白银”和“青螺”进行色彩对比，以形容君山的山色之翠——浮在浩渺洞庭湖中的君山恰似一枚青螺。

全诗共四句，表面看句句都是写景，实际上反映了作者平和的心境，色彩对比和生动比喻使之读来饶有趣味。

书湖阴先生壁

（宋·王安石）

茅檐长扫净无苔，花木成畦手自栽。

一水护田将绿绕，两山排闼送青来。

王安石字介甫，号半山，临川人，北宋庆历年间进士，著名思想家、政治家、文学家、改革家。王安石与唐代的韩愈、柳宗元和宋代的欧阳修、苏轼、苏洵、苏辙、曾巩合称为“唐宋八大家”。他的诗歌短小精悍，朴实清新，有《王临川集》《临川集拾遗》等存世。

翻译：湖阴先生家的茅舍由于经常打扫，干净得一点青苔都没有。一畦一畦的花木井井有条地装点着庭院，这些花木都是湖阴先生亲手栽种的。门外一条小溪环绕着碧绿的农田，好像是庄稼的守护者。两座山峰就像懂得人的心思一样，不待邀请就推开院门，将青青的秀色送了进来。

在这首诗里，茅檐、青苔、花木、绿色的田野、碧水、青山，每一个意象都清新可人，充满生机，组成了一幅山水田园图，也衬托出了湖阴先生清雅的生活趣味。

我们在脑海中想象这样的美景，诵读这首诗，会获得美好的审美感受。

描写山水田园风光的古诗还有很多，范成大的两首《四时田园杂兴》就是典型的田园诗。

夏日田园杂兴（其一）

（宋·范成大）

梅子金黄杏子肥，麦花雪白菜花稀。

日长篱落无人过，惟有蜻蜓蛱蝶飞。

夏日田园杂兴（其七）

（宋·范成大）

昼出耘田夜绩麻，村庄儿女各当家。

童孙未解供耕织，也傍桑阴学种瓜。

这两首诗的作者是范成大。你们知道吗？范成大可是我们苏州人哟！

范成大，字致能，晚号“石湖居士”。南宋名臣、文学家。素有文名，尤其擅长写诗。他继承了唐朝白居易、王建、张籍等诗人新乐府的现实主义精神，而又自成一家。他创作的诗歌题材广泛，风格平易浅显、清新妩媚，以反映农村社会生活内容的作品成就最高。与杨万里、陆游、尤袤合称南宋“中兴四大诗人”，对后世的诗歌创作有较大影响。他曾经在苏州西郊的石湖边建有石湖别业，乡亲们亲切地称他“范石湖”。著有《石湖集》《揽辔录》《吴郡志》《桂海虞衡志》等。

我们这里选的两首是他描写乡村生活的代表作，出自其组诗《四时田园杂兴》。“四时”指一年中的春、夏、秋、冬四个季节。在退隐石湖的十年中，范成大写了许多田园诗，其中以《四时田园杂兴》最为著名，它们全面、真切地描写了农村生活的各种细节，既充满田园乐趣，也反映了农人们的艰辛。这组诗共60首，均为七言绝句，每12首为一组，分咏春日、晚春、夏日、秋日和冬日的田园生活。

《夏日田园杂兴（其一）》翻译：一树树梅子变得金黄，杏子也越长越大了；荞麦花一片雪白，油菜花倒显得有点稀稀落落。白天长了，篱笆的影子随着太阳的升高变得越来越短，没有人从这里经过，只有蝴蝶和蜻蜓绕着篱笆飞来飞去。

《夏日田园杂兴（其七）》翻译：农人们白天在田里锄草，夜晚在家中搓麻线，村庄里的男男女女各做各的活。小孩子虽然不会耕田织布，也在那桑树阴下学着种瓜。

这两首“夏日田园杂兴”表达了田园生活的质朴和农人的忙碌，也反映了作者热爱乡村生活的美好感情。

乡村四月

（宋·翁卷）

绿遍山原白满川，子规声里雨如烟。

乡村四月闲人少，才了蚕桑又插田。

翁卷，字续古，一字灵舒，乐清（今属浙江）人，南宋诗人。擅长诗歌创作，与赵师秀、徐照、徐玑并称为“永嘉四灵”。有《西岩集》存世。

远离官场的翁卷在山的深处搭了三四间小茅屋，作为自己隐居的住所，平时种些高粱和树木，以写诗作文自得其乐。翁卷的诗多采取白描手法，以咏景物的诗为多，主要是表现野逸之趣，追求一种平淡简远的情调。在艺术手法上，翁卷的诗注重字句的锤炼和对偶声韵。其诗风较为平易，简约中有一份清淡的韵味。

翻译：山野平地都被绿色染透了，在子规的啼声中春雨如烟。四月的乡村，农人们都忙碌起来，很少有闲着的人了。刚刚结束了蚕事，便又开始了插秧的劳作。

这首诗语言平白易懂，从视觉和听觉方面描绘了春回大地时农村的繁忙景象，充满了喜悦之情。

同学们，这一首首诗就是一幅幅山水画，就是一幅幅田园画卷。浮躁时不妨读读这些诗句，当我们沉浸在古诗给我们描绘的情景中时，一切都会变得平和而安宁。

三、古诗中的花草树木

花草树木也是诗人喜欢描写和歌颂的事物，你瞧，“诗圣”杜甫正在江畔独步寻花，“桃花一簇开无主，可爱深红爱浅红?”那里的桃花开得正艳呢！高鼎笔下的“草长莺飞二月天，拂堤杨柳醉春烟”所表现的是早春二月的明媚景色：春光明丽，草长莺飞，杨柳以长长的枝条轻拂堤岸，好像被美好的春色陶醉了。高鼎笔下的柳树是那样的生机勃勃。同样是柳树，“渭城朝雨浥轻尘，客舍青青柳色新”中的柳树则是离别的象征。可以说，诗人笔下的花草树木都饱含着深情。

四、古诗中的日月星辰

古诗中有没有描写日月星辰的？当然有。让我们来寻找古诗中的日月星辰。你看，诗人们写到了早晨、傍晚不同时间的太阳，也描写了春天、冬天不同季节的太阳。

“日出江花红胜火，春来江水绿如蓝。”这是早上初升的太阳。

“白日依山尽，黄河入海流。”这是傍晚西沉的太阳。

“迟日江山丽，春风花草香。”这是暗写春天暖暖的阳光。

“千里黄云白日曛，北风吹雁雪纷纷。”这是被漫无边际的千里黄沙遮蔽得暗淡昏黄的太阳。

诗人们笔下的月亮又是怎样的呢？

“小时不识月，呼作白玉盘。”这是儿童眼中的月亮。

“床前明月光，疑是地上霜。”这是思乡人眼中的月光。

“湖光秋月两相和，潭面无风镜未磨。”这里的月光和水光交相融合，和谐呼应。

“如今直上银河去，同到牵牛织女家。”作者以丰富的想象力写星辰，把读者带到了天外——现在可以沿着黄河直上银河，一起去牛郎织女的家。

自然界的日月星辰都化作诗人笔下的景物，吟诵这些诗句，你的脑海中就会出现这样的太阳、月亮、银河，想象力也得到了极大的丰富。

五、古诗中的风、霜、雨、雪

风

（唐·李峤）

解落三秋叶，能开二月花。

过江千尺浪，入竹万竿斜。

这是一首谜语诗，全诗没有写到一个“风”字，但能让人看到风的力量——它能使晚秋的树叶脱落，能催开早春二月的鲜花，它经过江河时能掀起千尺巨浪，刮向竹林时可把万竿翠竹吹得歪歪斜斜。风的威力可真大呀！

“不知细叶谁裁出，二月春风似剪刀。”这是温柔的春风。

“千里黄云白日曛，北风吹雁雪纷纷。”这可是塞北冬天刺骨的寒风哦！

再来看雨。“清明时节雨纷纷，路上行人欲断魂。”清明时节，细雨绵绵，赶路的扫墓人心中更感悲切凄凉。

“渭城朝雨浥轻尘，客舍青青柳色新。”这是王维《送元二使安西》中的诗句。早晨的雨下的时间并不长，刚刚润湿尘土就停了。

你瞧，从清朗的天宇到洁净的道路，从青青的客舍到翠绿的杨柳，作者以清新的笔调描绘了一幅色调清新明朗的图景，为送别提供了典型的自然环境。

同样是写雨，诗人的心情不同，表达出的情感也就有天壤之别，而更多的是风雨联手一起来。

“随风潜入夜，润物细无声。”知时节的好雨随着春风悄然而至，给人带来了惊喜！

“青箬笠，绿蓑衣，斜风细雨不须归。”这是张志和的《渔歌子》，词中的这位渔翁，戴着青色的箬笠，披着绿色的蓑衣，斜风拂面，细雨如丝，渔翁在其中乐而忘归。

以上一诗一词，描绘的是细雨柔风，那下面这些诗描写的是什么呢？

“黑云翻墨未遮山，白雨跳珠乱入船。卷地风来忽吹散，望湖楼下水如天。”这可是夏天的疾风骤雨哦！

古诗中还有不少描写霜雪的诗句，也给人以美的陶冶。

“月落乌啼霜满天，江枫渔火对愁眠。”凄冷的秋夜，月亮落下去了，乌鸦在啼鸣，秋霜满布，让人感到彻骨的寒意。

“孤舟蓑笠翁，独钓寒江雪。”“欲将轻骑逐，大雪满弓刀。”这两句诗描写的都是雪天的景象。

古诗的百花园里有着春、夏、秋、冬四个季节的美丽景色，有着山水田园的旖旎风光，有着花草树木的蓬勃生机，有着日月星辰的瑰丽奇景，有着风霜雨雪的丰富情感。诵读这些古诗，既可以陶冶情操，也可以提升审美趣味。

【学学练练】

一、判断正误（正确的打“√”，错误的打“×”）

1.《诗经》名句“一日不见，如三秋兮”中的“三秋”是指三个秋天，也就是三年的意思。(　　)

2.《峨眉山月歌》和《望洞庭》的作者都是唐朝诗人。(　　)

3.“平明寻白羽”与“平明送客楚山孤”中的“平明”意思不一样。(　　)

4.《九月九日忆山东兄弟》中的“独在异乡为异客”一句，两个“异”的意思完全相同。(　　)

5.“离离原上草”的“离离”是指草稀稀落落，逐渐枯萎。(　　)

6.“停车坐爱枫林晚”是说诗人停车后坐下来看看枫林的夜晚。(　　)

7.“春风送暖入屠苏”中的“屠苏”是苏州的别称。(　　)

8.“等闲”是平常、轻易的意思。“等闲识得”就是容易识别的意思。(　　)

9.“拂堤杨柳醉春烟”一句，一个“拂”，一个“醉”，把静止的杨柳人格化了，使用的是比喻手法。(　　)

10.“花重锦官城”中“重”的意思是“重复”。(　　)

二、与“日出江花红胜火，春来江水绿如蓝”使用的修辞手法不同的诗句是（　　）

1. 燕山雪花大如席，片片吹落轩辕台。

2. 山河破碎风飘絮，身世浮沉雨打萍。

3. 忽如一夜春风来，千树万树梨花开。

4. 竹外桃花三两枝，春江水暖鸭先知。

三、苏辙有诗句“百年摩诘阳关语，三叠嘉荣意外声”，其中的“摩诘”和“阳关语”是指哪位诗人的哪首诗？（　　　　）（　　　　）

四、古人对荷花情有独钟，读读下面的咏荷诗，想想这几位诗人的情怀有什么不同

采莲曲

（唐·王昌龄）

荷叶罗裙一色裁，芙蓉向脸两边开。
乱入池中看不见，闻歌始觉有人来。

莲　叶

（唐·郑谷）

移舟水溅差差绿，倚槛风摇柄柄香。
多谢浣溪人未折，雨中留得盖鸳鸯。

赠荷花

（唐·李商隐）

世间花叶不相伦，花入金盆叶作尘。
惟有绿荷红菡萏，卷舒开合任天真。
此花此叶常相映，翠减红衰愁杀人。

白　莲

（唐·陆龟蒙）

素花多蒙别艳欺，此花端合在瑶池。
无情有恨何人觉？月晓风清欲堕时。

莲

（宋·苏轼）

城中担上卖莲房，未抵西湖泛野航。

旋折荷花剥莲子，露为风味月为香。

第二课　古诗里的人文建筑

【读读记记】

黄鹤楼

（唐·崔颢）

昔人已乘黄鹤去，此地空余黄鹤楼。

黄鹤一去不复返，白云千载空悠悠。

晴川历历汉阳树，芳草萋萋鹦鹉洲。

日暮乡关何处是？烟波江上使人愁。

赏析

崔颢，盛唐时期诗人。他才思敏捷，是唐玄宗开元十一年（723）进士。但是他在官场并不得志，倒是这首《黄鹤楼》让他为后人所熟知。这首诗也成为诗人吟咏黄鹤楼的绝唱。据说，由于这首诗无与伦比的艺术表现力，“诗仙”李白在被邀作黄鹤楼诗时竟搁笔，并且发出了“眼前有景道不得，崔颢题诗在上头”的慨叹。

黄鹤楼因其所在之武昌黄鹤山（又名“蛇山”）而得名，它濒临万里长江，雄踞蛇山之巅，挺拔独秀，辉煌瑰丽，素有“天下第一名楼”的美誉。历代文人墨客都爱到此游览，并留下了不少脍炙人口的诗篇，其中以崔颢的这首七律最受推崇。

翻译：昔日的仙人已经驾着黄鹤远去，这里只留下了一座空荡

荡的黄鹤楼。黄鹤一去再也没有回来，千百年来，只有白云在这里空悠悠地飘荡。在阳光的照耀下，汉阳的树木清晰可见，碧绿的芳草柔软地覆盖着鹦鹉洲。暮色下，何处才是乡关呢？江面上烟波浩渺，让人平添几分愁绪。

这首诗意境开阔、气魄宏大，既有如画风景，又有情怀的抒发，情景交融，情真意切。在这里，诗人通过吟咏黄鹤楼表达了吊古怀乡之情和自己郁郁不得志的惆怅。

登鹳雀楼

（唐·王之涣）

白日依山尽，黄河入海流。

欲穷千里目，更上一层楼。

赏析

王之涣，盛唐时期著名诗人，字季凌。性格豪放不羁，常击剑悲歌，名动一时。他有很多诗被当时的乐工制曲歌唱。他常与高适、王昌龄等以诗歌相唱和，主题以描写边塞风光为多，他也因此被称为“边塞诗人”。代表作有《登鹳雀楼》《凉州词》等。此诗是王之涣仅存的六首绝句之一。

鹳雀楼，因有鹳雀栖息其上而得名，其故址在山西省永济市境内古蒲州城外西南的黄河岸边。

翻译：一轮落日向着鹳雀楼前连绵起伏的群山西沉，在视野的尽头冉冉而没；流经楼前下方的黄河奔腾咆哮、滚滚南来，又在远处折而东向，流归大海。如果想看得更远，唯一的办法就是站得更高些，“更上一层楼”。

这首诗短小精悍，既写景又抒情，充满豪迈之气。前两句写景，对仗极工整，“白日”与“黄河”形成色彩对比；“依山尽”的“依”和“入海流”的“入”形成动静对比，太阳向山的那边缓缓而逝，黄河汹涌澎湃地奔流入海。后两句则情理交融，说明只有站得更高才能看得更远，表达了作者积极进取、努力向上的信心和决心。“欲穷千里目，更上一层楼”也成为后人励志的常用诗句。

登岳阳楼

（唐·杜甫）

昔闻洞庭水，今上岳阳楼。
吴楚东南坼，乾坤日夜浮。
亲朋无一字，老病有孤舟。
戎马关山北，凭轩涕泗流。

赏析

杜甫字子美，自号“少陵野老”，唐代伟大的现实主义诗人，与李白合称“李杜”。他在中国古典诗歌史上的影响非常深远，被誉为“诗圣”；他的诗因其现实主义价值而被称为“诗史”。杜甫约有1500首诗歌流传至今，大多收集在《杜工部集》里。

岳阳楼在今湖南省岳阳市，下临洞庭湖，是著名游览胜地。

翻译：早就耳闻过洞庭湖，今天的我终于登上了洞庭湖畔的岳阳楼。站在岳阳楼上四面眺望，本来连接在一起的吴楚两地，到这里就被分裂成了两块。洞庭湖一望无边，日日夜夜，天地万物好像都在湖上浮动漂游。国家多灾多难，亲朋好友失去了联系，音讯全无，孤老多病的我只能带着全家人挤在一条小船上漂泊。国家战事不断，边境频频遭受外敌侵扰，站在岳阳楼上凭栏远眺，看着多灾多难的河山，我禁不住悲从中来，泪流满面。

大历三年，杜甫沿江由江陵、公安一路漂泊来到了岳阳楼的所在地——岳州。壮阔雄奇的湖光山色美不胜收，杜甫却悲愁满怀。国家遭受战乱，民众也是多灾多难，为了避祸而四处漂泊，亲朋好友之间甚至都失去了联系。他无心赏景，写下了这首忧国忧民的写景咏怀诗。这首诗写完后的第二年，杜甫就在贫病交加中去世了。

从诗的感情脉络而言，首联满怀喜悦，颔联有雄壮之美，颈联一转而为凄苦沉郁，尾联用“涕泗流”直抒胸臆，表达了忧伤之情。诗人的感情随着诗句的进展有层次地发生着变化，展示了诗歌跳跃性强的艺术特点。由于其艺术造诣，它曾被推为“盛唐五律第一”，也是杜甫诗中的五律名篇。

滕王阁

（唐·王勃）

滕王高阁临江渚，佩玉鸣鸾罢歌舞。
画栋朝飞南浦云，珠帘暮卷西山雨。
闲云潭影日悠悠，物换星移几度秋。
阁中帝子今何在？槛外长江空自流。

赏析

王勃，字子安，唐代文学家，与杨炯、卢照邻、骆宾王并称为“王杨卢骆”“初唐四杰”。王勃自幼聪敏好学，六岁就能写文章，而且文笔流畅，被赞为“神童”。王勃十六岁时就科举及第做了朝散郎，可惜仕途不是很得意。26 岁那年，他为了探望父亲，从交趾（今越南境内）返回时因渡海溺水惊悸而死。王勃的诗歌以五律和五绝为长，存世有 80 余首。代表作除了我们课本里的《送杜少府之任蜀川》之外，还有《滕王阁》诗和《滕王阁序》等。

滕王阁因滕王李元婴而得名，是李元婴任洪州都督时所建，故址在今江西南昌赣江江畔。它以王勃的《滕王阁诗》和《滕王阁序》而名闻天下，是江南三大名楼之一。

翻译：滕王阁高高耸立在赣江之滨，佩玉无声，鸣銮无响，所有的歌舞都停止了。阁内画栋珠帘冷冷清清，只有南浦的云和西山的雨朝朝暮暮与它作伴。天上的闲云和江里的倒影每日里悠悠荡荡，物换星移，不经意间就过去了好多年。修建这座阁子的帝子如今在哪里？只见栏杆外的长江兀自东流而去，永不停息。

这首诗只有56个字，其中属于空间的意象有阁、江、栋、帘、云、雨、山、浦、潭影，属于时间的意象有日悠悠、物换、星移、几度秋、今何在，时间和空间组合在一起，既有岁月流逝、世易时移的慨叹，又有对大自然的膺服。诗的最后用一句设问兼对偶作结，显示了作者高超的艺术创造力。明代凌宏宪在《唐诗广选》中评价尾联道："只一结语，开后来多少法门。"可见其对后世的影响。

登拟岘台

（宋·陆游）

层台缥缈压城堙，倚杖来观浩荡春。
放尽樽前千里目，洗空衣上十年尘。
萦回水抱中和气，平远山如蕴藉人。
更喜机心无复在，沙边鸥鹭亦相亲。

赏析

陆游字务观，号放翁，南宋文学家、史学家、爱国诗人。陆游的诗、词、文都有很高的成就。其诗语言平易晓畅、章法整饬谨严，兼具李白的雄奇奔放与杜甫的沉郁悲凉，尤以饱含爱国热情而对后

世影响深远（如《示儿》诗是广为流传的经典爱国诗歌）。陆游还是一位高产诗人，其手定《剑南诗稿》收诗有9000余首。

拟岘台在江西省抚州市抚河河畔，自古为江南名胜，与河北幽州台、山西鹳雀楼、赣州郁孤台齐名。

在陆游的《剑南诗稿》中有八首关于拟岘台的诗歌，更有“垂虹亭上三更月，拟岘台前清晓雪。我行万里跨秦吴，此地固应名二绝”之句，可见其对拟岘台情有独钟。

翻译：高高的层台雄踞在拟岘台上，城墙被它映衬得局促而又矮小。我拄着拐杖登台观赏浩浩荡荡的春色。站在高高的层台上极目远眺，目力千里，衣服上的凡尘也被荡涤一空。江水萦回曲折，缓缓向东而去，一派中和之气。远处的山峦平缓起伏，给人以蕴藉深沉之感。更让我高兴的是，这里没有尔虞我诈的机心，就连江边沙滩上的鸥鹭也相亲相爱。

陆游的诗多雄浑豪健、峻峭沉郁，这首诗却清新冲淡，充满喜悦和轻松，别开生面，通过景物描写营造了一个安静平和、清新脱俗的高尚意境，表达了诗人舍弃世俗名利后的旷达喜悦和轻松之情，给读者以很强的感染力。

菩萨蛮·书江西造口壁

（宋·辛弃疾）

郁孤台下清江水，

中间多少行人泪。

西北望长安，

可怜无数山。

青山遮不住，

毕竟东流去。
江晚正愁余，
山深闻鹧鸪。

赏析

辛弃疾原字坦夫，后改字幼安，号稼轩，南宋豪放派词人，有“词中之龙”之誉。与苏轼合称“苏辛”，与李清照并称“济南二安”。辛弃疾出生在当时的金国疆域内，年少时因为抗金而归宋。他的词艺术风格多样，沉雄豪迈而又不乏细腻柔媚；题材广泛而又善化用典故入词。多年的抗金经历使他的作品有着强烈的爱国主义情感，既有壮志难酬的悲愤，又有对当时执政者屈辱求和的谴责，更有不少吟咏祖国河山的作品。现存词600多首，有词集《稼轩长短句》等传世。

郁孤台是江西赣州名胜，登临其上题咏的文人墨客很多，以辛弃疾的这首词最为有名，艺术成就也最高。

翻译：郁孤台下的赣江水啊，里面有多少行人的眼泪啊。我举头向西北方向的长安望去，可惜只看到无数的山头。这一座座青山挡不住赣江水，它终究还是滚滚向东而去。天色渐晚，满怀愁绪的我，听到了深山里传来的鹧鸪叫声。

这首词的总体情感比较沉郁。在上片中，作者借登郁孤台所见之景抒发了国家兴亡的感慨。“西北望长安”和“行人泪”直白地表达了作者对家国沦亡的悲愤和收复旧山河无望的无可奈何。下片里作者的希望又悄悄燃起，就在他“正愁”的时候，深山里传来了鹧鸪的叫声，说明作者没有放弃复国的希望和努力。

这首小词篇幅虽短，却承载了宏大的爱国主义主题，作者用比兴手法，由景入情，表面上说的是江水、青山，实际上表达了作者

的家国情怀和对南宋朝廷偏安江南一隅的强烈不满，是一首艺术水平高超的词。

望海楼

（宋·米芾）

云间铁瓮近青天，缥缈飞楼百尺连。
三峡江声流笔底，六朝帆影落樽前。
几番画角催红日，无事沧州起白烟。
忽忆赏心何处是？春风秋月两茫然。

赏析

米芾，初名黻，后改芾，字元章，北宋书法家、画家、书画理论家，与蔡襄、苏轼、黄庭坚合称“宋四家”。米芾绘画自成一家，对书法也有很深的造诣。代表作有《多景楼诗帖》《虹县诗卷》《研山铭》《拜中岳命作帖》等。

望海楼原址在江苏镇江城内，楼上有蔡襄所题“望海”二字，后来改名为“连沧观”，可惜今已不存。

翻译：铁瓮城高耸入云，直插青天。百尺高楼好像和缥缈的白云紧紧相连。三峡的江水声好似在我的笔底流淌，六朝的帆影也好像映落在了我的酒杯前。画角三番五次吹响，红红的夕阳被它催得西沉，静静的沧州升起了袅袅白烟。赏心悦目的美景究竟在哪里呢？往事如烟，春风秋月都已变得虚无了。

这首诗的情绪由高昂起，到低沉伤感终，诗人通过咏景怀古抒发了自己的家国情怀。在艺术手法上，诗人从远近、内外、上下这几个立足点来写望海楼即景，既有仰视——首联，又有俯瞰——颔联，更有远望——颈联，有动有静（首联中的“近”和“连”，颔联中的“流”和“落”，颈联中的“催”和“起”）、有声（颔联中的“江声”和颈联中的“画角催”）有色（颈联中的“红日”和“白烟”），尾联部分用设问句将感情一收，转而为伤感，以“茫然”作结，意味隽永深沉，主题也得到了升华。

二、古诗中的寺院

夜宿山寺

（唐·李白）

危楼高百尺，手可摘星辰。

不敢高声语，恐惊天上人。

赏析

李白是杰出的浪漫主义诗人，他善于运用夸张、比喻和拟人等修辞来写诗。他创作的诗歌富有天才般的想象力，诗歌飘逸空灵，十分有“仙气”。也正因为此，唐代诗人贺知章将李白比作天上下凡而来的仙人，称李白为“谪仙”，后人也便将李白称为“诗仙”。

这首诗通常被认定为是大诗人李白的作品，是李白夜宿深山寺庙时所作。

翻译：山上寺庙里的这座楼可真高啊，在楼上一伸手就可以摘到天上的星星。在这里，我都不敢高声讲话，唯恐惊动天上的仙人。

首句写寺庙里的这座楼高达“百尺”，接着在第二句用夸张的手法极言其高，高得简直伸手就可以摘到天上的星星了。第三、第四句是神来之笔，强化了此楼之高——作者都不敢高声说话，因为生怕惊动了天上的仙人。

这首诗短小精悍，短短四句20个字，却将人间与仙界做了很好的联结，烘托出了楼宇的高耸入天，只有“诗仙”才能有如此丰富的想象力和遣词造句功夫。

过香积寺

（唐·王维）

不知香积寺，数里入云峰。

古木无人径，深山何处钟。

泉声咽危石，日色冷青松。

薄暮空潭曲，安禅制毒龙。

赏析

王维，字摩诘，号摩诘居士，唐开元年间状元，精通诗、书、画、音乐等，是著名诗人、画家。他以山水田园诗见长，与孟浩然合称“王孟”。王维晚年诗风多恬淡宁静，这首诗是他的代表作。他以沉湎于佛学的恬静心境写诗，意境幽邃清高，有着鲜明的个人风格。著有《王右丞集》《画学秘诀》。

香积寺在陕西省西安市，在唐代是著名的“樊川八大寺”之一，也是全国重点文物保护单位。

诗题“过香积寺”的“过”，意思是“访问”“探访”。

翻译：我想去探访香积寺，却不知道它究竟在哪里，只听说它是在白云萦绕的山里。无意间我步入了古木交柯、人迹罕至的山间小路。行不数里，我便来到了白云生处的山峰下，山的深处隐隐传来了钟声。泉水在岩石上呜咽流淌，淡淡的阳光下青松冷寂地立着。暮色降临，面对幽静的水潭，看着澄清透彻的潭水，我还是“安禅制毒龙”——克制心中的欲念吧。

作者采用由远及近、以景物描写来烘托感情的手法，从“入云峰”到“空潭曲”，再到接近香积寺，前六句看似写景，却又无一处不在表达感情，最后才直抒胸臆，表露自己的心迹。

诗人的艺术手法也很高超，比如在表现香积寺的幽远寂静时，用隐隐的钟声和呜咽的泉水声来烘托，更增添了香积寺的神秘、僻远和冷寂。

大林寺桃花

（唐·白居易）

人间四月芳菲尽，山寺桃花始盛开。

长恨春归无觅处，不知转入此中来。

赏析

白居易，字乐天，号“香山居士”，与李白、杜甫合称为“唐代三大诗人”；又因与元稹共同倡导新乐府运动而被合称为“元白”；与刘禹锡并称“刘白”。白居易的诗歌题材广泛，形式多样，语言平易通俗。代表作有《长恨歌》《卖炭翁》《琵琶行》等，并有《白氏长庆集》传世。

大林寺在江西九江庐山的大林峰，相传为晋代僧人昙诜所建，是我国佛教圣地之一。

翻译：平原上的四月里，百花都已凋零，可是山上的桃花刚刚才盛开。我经常为春天太短暂、芳踪难觅而遗憾，没想到春天已经转到这里来了。

诗的开头两句非常经典，“人间四月芳菲尽”点出了创作这首诗的时间——“人间四月”，这时各种春花都已开尽了；第二句，作者话锋一转，“山寺桃花始盛开”，让读者眼前一亮，精神为之一振，产生了一阵惊喜——这个时候山上庙里的桃花才刚刚盛开呢，作者与春天在山上的大林寺里来了个不期而遇！紧接着诗人的感情又转了一个弯，“长恨春归无觅处”，由刚才的惊喜变成了春天来去匆匆、

踪影难觅的惆怅。最后一句“不知转入此中来”，诗人发现自己是错怪了春的匆匆难觅，原来春天并未归去，只不过是偷偷躲到山上来罢了。

这首诗短短四句，语言平白晓畅，作者只不过是把山高地深、时节略晚的大林寺春光与平地上春光的稍纵即逝做了一番记述和描写，但是细读之，却能够感受到作者的欣喜和对春光的热爱与眷恋之情。

题杭州孤山寺

（唐·张祜）

楼台耸碧岑，一径入湖心。
不雨山长润，无云水自阴。
断桥荒藓涩，空院落花深。
犹忆西窗月，钟声在北林。

赏析

张祜，字承吉，唐代诗人，因家世显赫而被时人尊为“张公子”。他在年少时也曾在我们苏州生活过。他的诗歌造诣很高，《全唐诗》收录其诗歌300余首。

孤山寺位于西湖湖畔，由天竺僧于南朝陈文帝时开山创建，又名永福寺，至今已有1400余年历史。孤山是西湖最美的景点之一，它小巧清秀，位于其上的孤山寺景色清幽，文人墨客对它多有吟咏。

翻译：楼台耸立在郁郁葱葱的小山上，有一条小路直通湖心。不下雨，山上也很润泽；没有云，湖中也有荫翳。断桥上的苔藓踩在脚底下涩涩的，空寂的院落里积满了落花。当我还在回想西窗望月的情景时，玉皇山北的林中传来了悠扬的钟声。

张祜仕途不顺，后来是在隐居中去世，所以他有不少诗歌颇具隐逸之气。生性喜爱山水的他，一生中游览了许多有名的佛寺，并有不少吟咏佛寺的诗歌，本书选录的《题杭州孤山寺》就是其中一首。

这首诗在艺术结构上独具匠心。唐代时，杭州西郊有白沙堤直通孤山，所以诗的首联有“一径入湖心”之句。颔联写孤山和西湖水，高低呼应，烘托了清幽的氛围。颈联写春末夏初的景色，苔藓涩涩，落花深深。尾联由写景转向抒写作者的内心体验：在回忆往事时远处传来了寺院的钟声。这钟声象征着作者隐逸、远离尘世的价值取向，可谓直抒心灵。

题西林壁

（宋·苏轼）

横看成岭侧成峰，远近高低各不同。

不识庐山真面目，只缘身在此山中。

赏析

苏轼，字子瞻，号东坡居士，北宋嘉祐二年（1057）进士，著名文学家、书法家、画家。他在诗、词、散文、书、画等方面都取得了很高的成就：其诗题材广阔，清新豪健，善用夸张、比喻，独具风格，与黄庭坚并称“苏黄”；其词开豪放一派，与辛弃疾同是豪放派代表，并称“苏辛”；其散文著述宏富，豪放自如，与欧阳修并称“欧苏”，为“唐宋八大家”之一。苏轼又很擅长书法，为“宋四家”之一；擅长文人画，尤擅墨竹、怪石、枯木等。有《东坡七集》《东坡易传》《东坡乐府》《潇湘竹石图》《枯木怪石图》等传世。

西林寺是一座千年古刹，坐落于江西省九江市庐山西麓，是庐

山北山第一寺。

西林寺中原有一道墙，苏轼来游赏时看到墙上有很多题诗，顿时兴起，遂在壁上题下了这首著名的《题西林壁》。

翻译：庐山是横看成岭、侧看成峰，从远、近、高、低各个角度看它都不一样。我们之所以看不清庐山的真面目，是因为我们就身处其中啊。

这是一首写景哲理诗。苏东坡具有非凡的遣词造句功夫，他用浅显如白话的寥寥28字，从写庐山风景的变幻多姿入笔，道出了一个哲理：身在其中，往往就难以获得一个准确的认识和结论。全诗朴实无华，毫无雕琢之气，却风味隽永，给读者以启迪，恰如苏东坡自己所言：出新意于法度之中，寄妙理于豪放之处。这首诗的最后两句也以其极富哲理而成为广为传诵的名言警句。

云林禅寺即杭州灵隐寺，是中国佛教著名寺院，建于东晋咸和元年（326），至今已有1600余年历史，也是江南著名古刹之一。

以下是两首与杭州灵隐寺有关的诗，读一读，想一想，它们各表达了诗人怎样的情感。

题杭州灵隐寺

（唐·张祜）

峰峦开一掌，朱槛几环延。
佛地花分界，僧房竹引泉。
五更楼下月，十里郭中烟。
后塔耸亭后，前山横阁前。
溪沙涵水静，涧石点苔鲜。
好是呼猿久，西岩深响连。

留题灵隐寺方丈

（宋·苏轼）

溪山处处皆可庐，最爱灵隐飞来孤。
乔木百丈苍髯须，扰扰下笔柳与蒲。
高堂会食罗千夫，撞钟击鼓喧朝晡。
凝香方丈眠氍毹，绝胜絮被缝海图。

【学学练练】

一、收集描写苏州园林里的亭台楼阁的诗句（不是整首诗，而是诗句）

例：

一迳抱幽山，居然城市间。——宋·苏舜钦《沧浪亭》

隔断城西市语哗，幽栖绝似野人家。

——清·汪琬《再题姜氏艺圃》

居士高踪何处寻，居然城市有山林。

——清·王赓言《游狮子林》

人道我居城市里，我疑身在万山中。

——元·惟则《狮子林即景》

谁谓今日非昔日，端知城市有山林。

——清·乾隆皇帝《狮子林得句》

绝怜人境无车马，信有山林在市城。

——明·文徵明《拙政园图咏·若墅堂》

二、这里给大家介绍几首关于山西悬空寺的古诗

悬空寺位于山西省大同市浑源县恒山金龙峡西侧翠屏峰的峭壁间，以如临深渊的险峻而著称。悬空寺建成于北魏后期，是中国罕见的佛、道、儒三教创始人供于一殿的独特寺庙。

悬空寺原来叫“玄空阁”，因为整座寺院就像建在悬崖之上，再加上在汉语中“悬”与“玄”同音，后来遂改名为“悬空寺”。悬空寺是恒山十八景中的“第一胜景”，也是全国重点文物保护单位。

下面是几首吟咏悬空寺的诗歌，你能体会这几位不同朝代的诗人由于观察的角度不同（有的是“游”，有的是“望”，有的是“登”，有的是“过”，有的是“题”）所表达的不同情感吗？

望悬空寺

（明·汪承爵）

刻石成香地，凭虚结构工。
梵宫依碧献，栈阁俯丹枫。
涛壮磁窑雨，僧寒谷口风。
跻攀真不易，遥望意无穷。

过悬空寺

（明·郑洛）

石壁何年结梵宫，悬崖细路小径通。
山川缭绕苍冥外，殿宇参差碧落中。
残月淡烟窥色相，疏风幽籁动禅空。
停车欲向山僧问，安得山僧是远公。

登悬空寺

（明·刘遵宪）

谁开石壁礼金仙，缥缥层楼结构难。
清梵漫疑云外度，香台真向雾中看。
山连太岳千秋壮，客到孤峰五月夜。

为问远师曾沽酒，好邀明月共盘桓。

游悬空寺

（清·邓克劭）

石屏千仞立，古寺半空悬。

净土绝尘境，岑楼缀远天。

一湾岩畔月，半壁画中禅。

俯视行人小，飘然意欲仙。

第三课　诗言志

【读读记记】

“诗言志”是我国古代文论家对诗的本质特征的认识，意思是：诗歌是用来表达人的思想和愿望的。“诗言志”一词最早出现在《尚书·尧典》里：“诗言志，歌永言。声依永，律和声。”在后世的诗歌评判标准里，将自己的志向融在诗歌中且又不露痕迹的诗人才被认为是高明的诗人。也就是说，诗是抒发人的思想感情的，是人的心灵世界的呈现。

可以说，“言志”诗占了我国古代诗歌的大半以上。

观沧海

（东汉·曹操）

东临碣石，以观沧海。

水何澹澹，山岛竦峙。

树木丛生，百草丰茂。

秋风萧瑟，洪波涌起。
日月之行，若出其中；
星汉灿烂，若出其里。
幸甚至哉，歌以咏志。

曹操字孟德，小字阿瞒，东汉末年杰出的政治家、军事家、文学家、书法家，三国中曹魏政权的奠基人，也是《三国演义》中的主角之一。

曹操被鲁迅评为“改造文章的祖师”，他开启并繁荣了建安文学，给后人留下了宝贵的文化遗产。曹操也擅长书法，其书法被唐朝张怀瓘赞为“妙品”。

翻译：我向东进发，登上碣石山，为的是俯瞰沧海。只见大海上波涛激荡，不少山岛耸峙其上。山上树木丛生，百草长得繁密而茂盛。秋风瑟瑟，海面掀起阵阵巨浪。日月的升降起落好像都是在大海里进行，灿烂的银河星辰也好像是从大海里涌现出来的。真是太庆幸了，所以写这首诗来表达一下我的心情。

这是一首典型的四言古体“言志”诗。当时曹操率军统一了北方，心情非常愉快。在班师途中的渤海边，他以浪漫主义的豪情写下了这首诗。诗中“沧海”“洪波”“日月”“星汉”等意象共同构成了一幅宏大而又充满动感的画面，并且反映了作者意图统一中国的宏大理想。

南园十三首 （其五）

（唐·李贺）

男儿何不带吴钩，收取关山五十州？
请君暂上凌烟阁，若个书生万户侯？

李贺，字长吉，唐代著名浪漫主义诗人，“长吉体”诗歌的开创者。其因常用神话传说来托古喻今而有“诗鬼”之称，与“诗圣”杜甫、“诗仙”李白、“诗佛”王维齐名。他由于长期处于抑郁感伤、焦思苦吟的心理状态，健康大受影响，27 岁就离开了人世。代表作有《雁门太守行》《李凭箜篌引》等。著有《昌谷集》。

翻译：男子汉大丈夫为什么不带上吴钩这样的优良兵器，去收取被藩镇割据的关塞河山五十州？请你暂且先登上那绘有帝王将相画像的凌烟阁看看，这些食邑万户的功臣中可曾有哪个是书生出身？

这首诗歌是李贺所作《南园》组诗十三首中的第五首，写作时间在唐宪宗元和六年（811）春夏之交，这时的李贺因应进士试受挫而回昌谷闲居。其时藩镇割据严重，他个人发展又遭受了挫折，情绪激越和愤懑也就在情理中了。

作者用短短四句话组成两个反问句，直抒胸臆。第一句是反问男子汉大丈夫为什么不从戎去削平藩镇，第二句则通过凌烟阁上的功臣画像来加强第一句的反问：建功立业的人都是武将出身，书生意气是成就不了收复山河的抱负的！连续的反问强烈地表达了作者报国的急切之情和对个人发展的焦虑。

梅花绝句 （其二）

（宋·陆游）

幽谷那堪更北枝，年年自分着花迟。

高标逸韵君知否？正在层冰积雪时。

陆游，字务观，号放翁，南宋文学家、史学家、爱国诗人。陆游的诗、词、文都有很高的成就。他是一位多产诗人，其《剑南诗稿》（85 卷）收录了他 9000 余首诗歌。

陆游共创作了两首《梅花绝句》，这里选的是第二首。

翻译：一株梅花本来就长在幽深的山谷里，加上枝头又是朝北，所以每年开花都比较迟。可是您知道吗？只有在冰雪覆盖的隆冬时节，才能欣赏到梅花高洁的品质和飘逸的气韵啊。

陆游写作这首诗时已经78岁高龄，已被罢官归园田居12年。陆游由于力主北伐，一直得不到重用，他和诗中的梅花一样同处逆境，因此他在诗的末两句有感而发，用品性高洁而又身处恶劣环境的梅花自喻，表现了自己虽身处逆境而坚持高洁操守的思想境界。

墨　梅

（元·王冕）

吾家洗砚池头树，朵朵花开淡墨痕。

不要人夸好颜色，只流清气满乾坤。

王冕，字元章，号煮石山农，又号梅花屋主等。元朝著名画家、诗人、篆刻家，也是自学成才的典范。他性格孤傲，多有描写田园隐逸生活的诗作。有《竹斋集》存世。存世绘画作品有《南枝春早图》《墨梅图》《三君子图》等。

王冕一生爱梅，喜欢咏梅、画梅。他笔下的梅花充满生机，对后世的绘画艺术有较大影响。

翻译：我家洗砚池边有一棵梅树，树上一朵朵的梅花好似淡淡的墨痕一般。它不要别人夸自己颜色美丽，一心只想让清雅的香气充满天地之间。

这是一首题画诗，是王冕在自己所居住的梅花屋内创作的。诗人由画中的墨梅起笔，从描写其淡雅的颜色开始，进而表达自己的志向：只想让清气充满乾坤。在这里，作者是借梅花自喻，表达自己不向世俗献媚的人生态度和节操。表面是赞美梅花品性高洁，实际是借诗“言志”，将“诗格”“画格”“人格”融在一起，目的是阐明自己的人格志向。

石灰吟

（明·于谦）

千锤万击出深山，烈火焚烧若等闲。

粉身碎骨全不怕，要留清白在人间。

于谦，字廷益，号节庵，明永乐十九年（1421）进士，明朝名臣、民族英雄，以“忠心义烈”而与岳飞、张煌言并称“西湖三杰”。有《于忠肃集》存世。

翻译：石灰是经过千锤百炼才从深山里开采出来的，对它来说，烈火焚烧不过是寻常事而已。即使被煅烧得粉身碎骨它也不畏惧，一心要把清白留在人世间。

在这首诗中，于谦借“石灰”自喻，目的是表达自己为国尽忠、不怕牺牲和坚守“清白”节操的决心。

于谦年少时即志存高远，他把文天祥作为自己的精神偶像。考取进士进入官场后的于谦为官廉洁正直，曾平反了不少冤案，并且赈灾救荒，深受百姓爱戴。可是明英宗记恨他在自己被俘期间曾经议立景帝一事，虽然于谦击退瓦剌有功，但是复辟后的明英宗仍然以“谋逆罪”诛杀了于谦。这首咏物言志诗是于谦人格追求的生动写照。

竹 石

（清·郑燮）

咬定青山不放松，立根原在破岩中。

千磨万击还坚韧，任尔东西南北风。

郑燮，字克柔，号理庵，又号板桥，人称板桥先生，乾隆元年（1736）进士。为官期间政绩显著，后客居扬州，以卖画为生。其诗、书、画，世称“三绝”，他也因此而成为清代比较有代表性的文人画家，更是“扬州八怪”的重要代表人物。代表作有《修竹新篁图》《清光留照图》《兰竹芳馨图》等，并著有《郑板桥集》。

翻译：竹子紧紧咬住青山不放松，原来它是把根深深扎在了岩石缝中。不管怎么磨炼和打击，也不管是东风、西风、南风、北风，它都一样坚韧挺拔。

这是一首咏物诗，从字面上看是在吟咏竹子顽强而又执着的品格，实际上作者也是借竹子“言志”，表达自己刚正不阿、坚持高尚操守的心志。竹子虽然身处逆境，从资源贫乏的山间岩石裂缝里寻找生存的可能，但是它坚定乐观地经受着风吹雨打的磨炼，向大自然傲然展示着自己顽强的生命力。作者托物言志，表达了自己对高尚节操的坚守。

苔

（清·袁枚）

白日不到处，青春恰自来。

苔花如米小，也学牡丹开。

袁枚，字子才，号简斋，晚年自号仓山居士、随园主人、随园老人，乾隆四年（1739）进士，乾嘉时期代表诗人、散文家、文学评论家、美食家，与赵翼、蒋士铨合称“乾隆三大家”。著有《小仓山房文集》《随园诗话》及《随园食单》等。

翻译：在白天太阳照不到的地方，苔藓却长出了绿意，展示着它的青春。跟米粒差不多大小的苔花呀，也跟牡丹一样绽放着自己的花朵。

这是一首五言绝句，诗中的主角苔花虽然只有米粒般大小，可是生命力不输牡丹，不放弃展示自己的独特之美。在这里，袁枚借苔花表达了"君子以自强不息"的价值取向。

【学学练练】

一、背背《墨梅》《石灰吟》和《竹石》

二、读读下面的诗句，想想它们分别表达了诗人怎样的志向

1. 安得广厦千万间，大庇天下寒士俱欢颜。 ——唐·杜甫
2. 老骥伏枥，志在千里。烈士暮年，壮心不已。 ——东汉·曹操
3. 壮心未与年俱老，死去犹能作鬼雄。 ——宋·陆游
4. 千淘万漉虽辛苦，吹尽狂沙始到金。 ——唐·刘禹锡
5. 盛年不再来，一日难再晨。及时当勉励，岁月不待人。 ——东晋·陶渊明

第四课　古诗里的苏州

【读读记记】

在古代，有许多诗人来过苏州，并留下了很多歌咏苏州的诗词，以下是其中一部分诗人吟咏苏州的诗作。

送人游吴

（唐·杜荀鹤）

君到姑苏见，人家尽枕河。
古宫闲地少，水港小桥多。
夜市卖菱藕，春船载绮罗。
遥知未眠月，乡思在渔歌。

赏析

杜荀鹤，字彦之，自号九华山人，唐代诗人。进士出身，仕途曲折，多有反映当时社会现实的诗作。代表作有《旅泊遇郡中叛乱示同志》《再经胡城县》《山中寡妇》《乱后逢村叟》等。

翻译：您到了姑苏就会看到这样的景象，家家户户都枕河而居。吴宫的遗址上建满了民居，空地很少，河道上小桥密布。夜市上叫卖菱藕的声音一阵又一阵，游船上满载着穿着华丽的男男女女。我知道远方的你在无眠的月夜，会把思乡之情寄托在渔歌里。

这首五律可谓“声色俱佳”，生动地描绘了姑苏古城的风貌，展现了水乡人家的风情。最后两句用乡思来衬托自己的惜别之意，“渔歌”二字尤显清新蕴藉。

历代吟咏苏州的诗文有很多，唯有这首诗最为著名，也最常被后人引用，它堪称苏州的“名片诗”。

乌栖曲

（唐·李白）

姑苏台上乌栖时，吴王宫里醉西施。
吴歌楚舞欢未毕，青山欲衔半边日。
银箭金壶漏水多，起看秋月坠江波。

东方渐高奈乐何！

赏析

这首乐府诗借吴王西施旧事，讽刺唐玄宗和杨贵妃的奢靡生活。

翻译：日落乌栖时分，姑苏台轮廓俨然，吴王宫中的美人西施醉态朦胧。吴王欣赏着动听的吴歌和曼妙的楚舞，还没有尽兴，忽然却发现西边的青山已经吞没了半个红日，原来暮色已经降临。时间不断流逝，铜壶的漏水越来越多，银箭的刻度也在不断升高，起身一看，原来秋月都已西坠到了江里。天色渐渐亮了起来，吴王和西施的娱乐终于依依不舍而又无可奈何地进入了尾声。

诗的第一句点明了吴王行乐的时间和地点——乌栖时（日落黄昏时分）、姑苏台，接下来几句均是对吴王荒淫生活的描写。姑苏台是阖闾所建，其子夫差和越女西施经常到此寻欢作乐。夫差灭了越国后中了越王勾践的“美人计”，不思进取，通宵达旦享乐，荒淫无度，吴国国力日渐衰退。后来吴国又被勾践所灭。李白创作这首诗时，唐玄宗正和杨贵妃过着疏理朝政、夜夜笙歌的荒淫生活。遗憾的是，这首诗并没有引起当政者的重视，开元盛世最终葬送在唐玄宗自己的手里。最后一句“奈乐何”点出了吴国覆灭的必然性，也暗喻了李唐王朝的结局。

和李白的很多浪漫主义诗歌不同，这首诗含蓄而隐微，讽刺尖锐、冷峻而又不失深刻。

登阊门闲望

（唐·白居易）

阊门四望郁苍苍，始觉州雄土俗强。

十万夫家供课税，五千子弟守封疆。

阊阊城碧铺秋草，乌鹊桥红带夕阳。
处处楼前飘管吹，家家门外泊舟航。
云埋虎寺山藏色，月耀娃宫水放光。
曾赏钱唐嫌茂苑，今来未敢苦夸张。

翻译：在阊门上往四下里看，只见一片郁郁苍苍，这才感觉到苏州实力雄厚，民风民俗的力量也很强大。十万人家缴纳赋税，五千子弟驻守边疆。整个苏州城被铺天盖地的秋草映得碧绿，乌鹊桥也被夕阳映红了。每一处楼前都飘出悠扬的箫管之声，每户人家门外都停泊着舟船。山间云雾缭绕，虎丘山上的佛寺好似藏在云里一般，山色也变得朦朦胧胧。馆娃宫被月亮照得清晰可见，湖面也泛起了阵阵波光。我曾经因为欣赏钱塘景色而看不上苏州的风光，现在写这首诗来赞美苏州可没有夸张啊。

这首诗是白居易任苏州刺史时所作。诗的第一、第二句从眼中所见“郁苍苍”入手，描绘苏州实力雄厚、百姓富足。第三、第四句写苏州对国家的税赋和军事贡献。第五、第六句是对仗极工整的对偶句，由整个阖闾大城的总体色调之“碧”，再到城中乌鹊桥被夕阳映红，既有宏观描写，又有微观描写，“碧”和“红”形成了鲜明的色彩对比，极富美感。第七、第八句用“飘管吹”和“泊舟航”烘托出了苏州人家安乐祥和的生活状态。第九、第十句描绘了虎丘寺和馆娃宫这两个地处苏州的著名建筑，并用山色和湖光来烘托。第十一、第十二句则将话题一转，直抒胸臆，明确说出了自己对苏州的喜爱，而且声明没有夸张的成分。整首诗语言优美，情绪平缓，体现了作者的闲适心境，可谓别具一番情致。

正月三日闲行

（唐·白居易）

黄鹂巷口莺欲语，乌鹊河头冰欲销。

绿浪东西南北水，红栏三百九十桥。

鸳鸯荡漾双双翅，杨柳交加万万条。

借问春风来早晚，只从前日到今朝。

赏析

翻译：黄鹂巷口的黄莺叽叽喳喳，好像要说话；乌鹊河上的冰很快就要融化了。河里泛绿的春水东西南北任意流淌；苏州城有三百九十座桥，桥桥都有红色的扶栏。鸳鸯在水面荡漾着一双双的翅膀，千万条新绿的杨柳交织在一起。借问春风：你什么时候来呀？从过去到现在，每天都很逍遥自在。

唐代著名诗人韦应物、白居易、刘禹锡都曾在苏州做过刺史。白居易是在宝历元年（825）三月出任苏州刺史的，他在苏州任上写了不少吟咏姑苏的好诗，其中这首《正月三日闲行》并不出名，似乎也不算上乘之作，然而，此诗之美即在一“闲”字，认真玩味起来，还真的具有经典的意义。如果说张继的《枫桥夜泊》美在一种孤独的情感，白居易此诗则美在一种闲适的状态。

白居易在苏州时间比较短暂，而且似乎还常在病中，其实乃小病大养——诗人已经无心长进，心闲而百闲了。“闲”是他的一种状态，也是他的一种情调和境界。

忆江南

（唐·白居易）

江南忆，其次忆吴宫。
吴酒一杯春竹叶，
吴娃双舞醉芙蓉。
早晚复相逢。

赏析

白居易创作过《忆江南》组词，共计三首。这里选录的是第三首。白居易写这组词时已离开苏州到洛阳10余年了。

翻译：回忆江南，再接下来就是回忆苏州的吴宫了。喝一喝吴宫的美酒佳酿“春竹叶”，看一看吴宫的美女双双起舞，恰似美丽的芙蓉一般醉人。清晨夜晚总会再次相逢。

美酒佳酿醉人，美人翩翩起舞。诗人以高超的艺术技巧向我们展示了苏州的旖旎风情，表达了他对苏州生活的怀念。

白云泉

（唐·白居易）

天平山上白云泉，云自无心水自闲。
何必奔冲山下去，更添波浪向人间。

赏析

这首诗也是白居易在苏州任上所作。

白云泉在苏州西郊的天平山上，号称“吴中第一水”。天平山形成于1亿多年前的造山运动时期，自它往西便是太湖。

翻译：天平山上的白云泉泉水清澈可人，云毫无拘束，自由自在地舒舒卷卷，泉水淡定闲适地汩汩流淌。泉水啊，你何必冲下山去，给人间增添波澜呢？

诗的首联点明白云泉的地点在天平山上，颔联是自上而下、上天入地的景物描写，舒卷的云和流淌的泉水给读者以闲适的意境。颈联和尾联点明写作宗旨：何必到尘世间去给人们增添波澜呢？作者以云水自喻，表达了随遇而安、出世归隐的人生态度。

陈后宫

（唐·李商隐）

茂苑城如画，阊门瓦欲流。
还依水光殿，更起月华楼。
侵夜鸾开镜，迎冬雉献裘。
从臣皆半醉，天子正无愁。

赏析

李商隐，字义山，号玉溪（谿）生，又号樊南生，开成二年（837）进士，晚唐著名诗人，和杜牧合称“小李杜”，又与李贺、李白合称“三李”，与温庭筠合称为“温李”。他创作的诗歌构思新奇，风格秾丽；有的抒情诗比较缠绵悱恻，优美动人，深受读者喜爱，这类诗的代表作有《夜雨寄北》《锦瑟》等。有《李义山诗集》存世。

翻译：丰茂的苑囿把金陵城装点得像一幅画，阊门的房屋鳞次栉比，密密麻麻的屋瓦好像要倾泻而下。在水光殿已经能够看到波光月影，可是还要再造一座月华楼，让皇帝更好地欣赏月光。才是深夜，妃子们就已经早早打开了饰有鸾鸟的铜镜；冬天刚刚到来，宫人们就已经献上了用雉羽制成的毛裘。随从的侍臣们都已半醉，天子也跟他们一样，一醉解百忧。

南朝陈后主执政无能，荒淫无度，以致政乱国亡。这首五言律诗极写陈后主的奢靡昏庸，反映了作者对晚唐统治者执政能力的隐忧。

枫桥夜泊

（唐·张继）

月落乌啼霜满天，江枫渔火对愁眠。

姑苏城外寒山寺，夜半钟声到客船。

赏析

张继，字懿孙，进士出身，唐代诗人。他的诗歌爽朗激越，不事雕琢，比兴幽深，事理双切，可惜存世较少，以本书选录的《枫桥夜泊》最为著名。

枫桥在今苏州古城西北郊。寒山寺在枫桥西一里处，因唐代高僧寒山曾驻锡于此而得名。寒山寺、枫桥一带风景绝佳，也是文人墨客喜欢游览的景点。

翻译：月已西沉，乌鸦啼叫，寒霜满天。我对着江边的枫树和渔火，在忧愁中入眠。夜半时分，姑苏城外寒山寺的钟声传到了客船上。

这首诗脍炙人口，意境奇绝，对苏州人来说几乎是家喻户晓，人人都能脱口成诵，也是向世界介绍苏州的一张文化名片。

据《南史》记载，寒山寺有夜半敲钟的习惯，自从张继将夜半钟声写进诗里之后，寒山寺的钟声就更加古雅庄严，更加吸引文人墨客了，就连远在东瀛的日本友人也要千里迢迢赶来听寒山寺的钟声，而寒山寺内的《枫桥夜泊》诗碑则成了颇具传奇色彩的文化象征。

怀吴中冯秀才

（唐·杜牧）

长洲苑外草萧萧，却算游程岁月遥。

唯有别时今不忘，暮烟秋雨过枫桥。

赏析

杜牧，字牧之，唐文宗大和二年（828）进士（时年26岁）。因晚年居长安南樊川别墅，自号樊川居士，后世称其为“杜樊川”。杜牧在晚唐文坛独树一帜，诗、文、赋、辞兼工，以诗歌成就最高，他也因此被称为“小杜”（以别于“大杜”杜甫）；又与李商隐并称“小李杜”。著有《樊川文集》。

长洲是苏州的别称。

翻译：苏州城外，草木萧萧。回首走过的地方，可谓山水辽远、岁月遥遥。唯有分别时的情景，直到今天都没有忘记。眼前的枫桥正被暮烟秋月所笼罩。

从诗中呈现的意象“暮烟”“秋雨”来看，这首诗应该写于深秋时节。深秋是容易产生感伤情绪的季节，这首诗的感情也不例外，字里行间充满了对友人冯秀才和过往岁月的怀念之情。

题破山寺后禅院

（唐·常建）

清晨入古寺，初日照高林。

竹径通幽处，禅房花木深。

山光悦鸟性，潭影空人心。

万籁此俱寂，但余钟磬音。

赏析

常建，唐代诗人，字号不详。开元十五年（727）进士，与边塞诗人王昌龄是同年，他俩之间也有文字交游。其存世作品较少，以本书选录的这首作品最为有名。

破山寺在今江苏常熟境内。

翻译：清晨，我走进破山古寺。这时太阳初升，映照着山上的树木。竹林掩映着小路通向幽深之处，禅房被繁茂的花木紧紧包围，显得更加幽深了。明媚的山光使鸟儿们更加欢悦，潭水清澈见底，人的心也跟着变得纯净了。此时此刻万籁俱寂，只有钟磬声悠悠作响。

这首诗初看是在描述破山禅寺的幽静，实际上表达了作者的隐逸情趣。语言清雅高妙，平淡中见个性。

横　塘

（宋·范成大）

南浦春来绿一川，石桥朱塔两依然。

年年送客横塘路，细雨垂杨系画船。

赏析

横塘在苏州古城西郊，也是迎来送往的驿站所在地。

翻译：春天来了，南边的河水为之一绿；横跨河上的枫桥和高耸的寒山寺塔还是原来的模样，一点都没有改变。也不知道多少年了，每年我都在横塘送客，眼前也总是这熟悉的场景：天下着细雨，杨柳依依，画船泊在水边。

这是一首送别诗，诗中的“南浦”“横塘”“垂杨”“细雨”都是离别的象征。诗的首联“南浦春来绿一川”表达了对春天到来的喜悦。颔联情绪比较平和，写横塘周边景物依然。颈联开始转向深情，作者已经记不清自己有多少次到横塘送别了，透出几分无奈与不舍。尾联景物如画，却在无声中透出离别的感伤之情。全诗语言优美，极具画面感，有较强的艺术感染力。

青玉案

（宋·贺铸）

凌波不过横塘路，
但目送、
芳尘去。
锦瑟华年谁与度？
月桥花院，
琐窗朱户，
只有春知处。
飞云冉冉蘅皋暮，
彩笔新题断肠句。
试问闲愁都几许？
一川烟草，
满城风絮，
梅子黄时雨。

赏析

贺铸，字方回，又名贺三愁，人称“贺梅子”，自号庆湖遗老。诗文兼工，尤长于词。其词的内容、风格较为丰富多样，兼有豪放、婉约之长，且长于锤炼语言并善于化用前人成句。有《东山词》传世。

青玉案，词牌名，又名“一年春” “西湖路” “青莲池上客”等。

翻译：她轻盈的脚步都没有越过横塘路，我只能目送她如芳尘一般渐渐远去。锦绣年华的她和谁一起度过呢？是在如月般的拱桥上、花木环绕的庭院里，还是在花窗重重的朱门大户里？唉，只有春风才知道她究竟在哪里。天上的云彩缓缓地流动，舒卷自如；城郊沼泽里的高地上长满了香草，不知不觉间日色将暮，可是这时的我才拿起彩笔写下断肠的诗句。若要问我的愁情究竟有几许，唉，就像那望不到边的一地烟草，满城随风翻飞的柳絮，梅子黄时的绵绵细雨。

这首词吟咏的是春末夏初的景象，作者文思奇巧，从抒写相思之情入笔（上片），转而写景（下片），一片“闲愁”尽在“烟草”“风絮”“梅子黄时雨”中了。

贺铸品性高洁，一生怀才不遇，政治上也不得志，便效仿屈原，借香草美人来托物言志，表达自己宁可清冷孤独，也不与权奸同流合污的志向。由于“梅子黄时雨”这一佳句，贺铸便有了“贺梅子”的美称。

【学学练练】

一、下面两首诗都是描写苏州枫桥的，你能够读出其中蕴含的不同情感吗？

赋得寒山寺送别

（明·高启）

枫桥西望碧山微，寺对寒江独掩扉。

船里钟催行客起，塔中灯照远僧归。

渔村寂寂孤烟近，官路萧萧众叶稀。

须记姑苏城外泊，乌啼时节送君违。

枫桥寺

（宋·俞桂）

湖水相连月照天，雁声嘹呖搅人眠。

昔年曾到枫桥宿，石岸旁边系小船。

二、下面是明代唐寅写的两首诗，你能读懂吗？他想表达什么意思？

把酒对月歌

（明·唐寅）

李白前时原有月，惟有李白诗能说。

李白如今已仙去，月在青天几圆缺？

今人犹歌李白诗，明月还如李白时。

我学李白对明月，月与李白安能知？

李白能诗复能酒，我今百杯复千首。

我愧虽无李白才，料应月不嫌我丑。

我也不登天子船，我也不上长安眠。

姑苏城外一茅屋，万树桃花月满天。

桃花庵歌

（明·唐寅）

桃花坞里桃花庵，桃花庵下桃花仙；

桃花仙人种桃树，又摘桃花卖酒钱。

酒醒只在花前坐，酒醉换来花下眠；

半醒半醉日复日，花落花开年复年。

但愿老死花酒间，不愿鞠躬车马前；
车尘马足富者趣，酒盏花枝贫者缘。
若将富贵比贫贱，一在平地一在天；
若将贫贱比车马，他得驱驰我得闲。
世人笑我忒疯癫，我笑世人看不穿；
不见五陵豪杰墓，无花无酒锄作田。

第四单元　学古文，变厚实

第一课　请你记住这些古典名句

我们平常说的“古文”多指“文言文”，也就是用文言写成的文章。著名语言学家王力指出，“文言”是指以先秦时期的口语为基础而形成的上古汉语书面语言以及后来历代作家仿古的作品中的语言。作为一种定型化的书面语言，文言文在我国沿用了两三千年，是我国古代通用的书面语言，也是现代汉语的源头之一。旧时文言文是没有标点符号的，为了便于阅读理解，现代书籍中的文言文一般都会加上标点符号。

相对于“文言文”，“白话文”就是以现代汉语口语为基础，经过加工而成的书面语。

【读读记记】

你能理解下列名句的意思吗？你能把它们背出来吗？

1. 位卑未敢忘忧国。
2. 其身正，不令而行；其身不正，虽令不从。
3. 天时不如地利，地利不如人和。
4. 君子之交淡若水，小人之交甘若醴。
5. 青，取之于蓝而青于蓝。
6. 千里之行，始于足下。

7. 学而不厌，诲人不倦。
8. 物以类聚，人以群分。
9. 莫等闲，白了少年头，空悲切！
10. 皮之不存，毛将焉附?
11. 流水不腐，户枢不蠹。
12. 信言不美，美言不信。善者不辩，辩者不善。
13. 近朱者赤，近墨者黑。
14. 前车之覆，后车之鉴。
15. 穷则变，变则通，通则久。
16. 知不足，然后能自反也；知困，然后能自强也。
17. 路遥知马力，日久见人心。
18. 前事不忘，后事之师。
19. 知无不言，言无不尽。
20. 君子成人之美，不成人之恶。
21. 金玉其外，败絮其中。
22. 世事洞明皆学问，人情练达即文章。
23. 塞翁失马，焉知非福?
24. 言之者无罪，闻之者足以戒。
25. 欲速则不达，见小利则大事不成。
26. 人谁无过，过而能改，善莫大焉。
27. 曾经沧海难为水，除却巫山不是云。
28. 见兔而顾犬，未为晚也；亡羊而补牢，未为迟也。
29. 圣人千虑，必有一失；愚人千虑，必有一得。
30. 吾生也有涯，而知也无涯。
31. 先天下之忧而忧，后天下之乐而乐。

32. 时危见臣节，世乱识忠良。

33. 有志者事竟成也。

34. 智者千虑，必有一失；愚者千虑，必有一得。

35. 忧劳可以兴国，逸豫可以亡身，自然之理也。

36. 水至清则无鱼，人至察则无徒。

37. 奇文共欣赏，疑义相与析。

38. 满招损，谦受益。

39. 学然后知不足。

40. 岁寒，然后知松柏之后凋也。

41. 《阳春》之曲，和者必寡，盛名之下，其实难副。

43. 学无止境。

44. 玩物丧志。

45. 山不厌高，水不厌深。

46. 故木秀于林，风必摧之；堆出于岸，流必湍之；行高于人，众必非之。

47. 己所不欲，勿施于人。

48. 祸兮，福之所倚；福兮，祸之所伏。

49. 老当益壮，宁移白首之心；穷且益坚，不坠青云之志。

50. 业精于勤，荒于嬉；行成于思，毁于随。

51. 穷则独善其身，达则兼善天下。

52. 路漫漫其修远兮，吾将上下而求索。

53. 兼听则明，偏信则暗。

54. 老骥伏枥，志在千里。烈士暮年，壮心不已。

55. 见义不为，非勇也。

56. 他山之石，可以攻玉。

57. 学而不思则罔，思而不学则殆。
58. 失之东隅，收之桑榆。
59. 敏而好学，不耻下问。
60. 勿以恶小而为之，勿以善小而不为。

【学学练练】

一、你能将下列古文名句填写完整吗?

1. 穷且益坚，(　　　　　　)。
2. 老骥伏枥，(　　　　　　)。
3. 智者千虑，(　　　　　　)；愚者千虑，(　　　　　　)。
4. (　　　　　　)，荒于嬉，(　　　　　　)，毁于随。
5. 见兔而顾犬，未为晚也；(　　　　　　)。
6. 《阳春》之曲，和者必寡；(　　　　　　)。
7. 它山之石，(　　　　　　)。
8. (　　　　　　)，人至察则无徒。
9. (　　　　　　) 善者不辩，辩者不善。
10. 时危见臣节，(　　　　　　)。

二、你能把这些名言归类吗?

修身　　　　学习

1. 学而不思则罔，思而不学则殆。(　　)
2. 勿以恶小而为之，勿以善小而不为。(　　)
3. 见义不为，非勇也。(　　)
4. 满招损，谦受益。(　　)
5. 兼听则明，偏信则暗。(　　)
6. 吾生也有涯，而知也无涯。(　　)

7. 其身正，不令而行；其身不正，虽令不从。（　　）

8. 己所不欲，勿施于人。（　　）

9. 知不足，然后能自反也；知困，然后能自强也。（　　）

10. 山不厌高，水不厌深。（　　）

三、阅读下面的名句，完成题目

学而时习之，不亦说乎！

温故而知新。

学而不思则罔，思而不学则殆。

德不孤，必有邻。

1. 以上名句选自《　　　　》（书名），集中反映了（　　　　）（人名）的思想。它与《大学》《　　　　》《　　　　》合称为“四书”。

2. 解释句意。

（1）不亦说乎（　　　　　　　　）

（2）学而不思则罔（　　　　　　　　　　）

四、下列名句中不适合用于小学教室墙面布置的是（　　）

1. 敏而好学，不耻下问。

2. 莫等闲，白了少年头，空悲切！

3. 明月松间照，清泉石上流。

4. 书犹药也，善读可以医愚。

第二课　有些成语的出处就是古文

怎么学古文呢？

第一步：读。书读百遍，其义自见。要反复读，不但要读通顺，

而且要读出节奏来，直到读得朗朗上口。

第二步：想。粗略地想想所读古文或者句子的意思，只要留下初步印象即可。

第三步：猜。结合自己已有的生活和学习经验，猜猜古文的意思。不要小看了猜读，那是一种非常重要的读书方法。

第四步：译。对照提供的注释，看看与自己的猜读是否一致。然后试着用自己的语言说一说。

【读读记记】

现在流行的成语有不少来自文言文。

1. 揠苗助长

(1) 原文（《孟子·公孙丑上》）

宋人有闵其苗之不长而揠之者，芒芒然归，谓其人曰："今日病矣，予助苗长矣！"其子趋而往视之，苗则槁矣。

(2) 注释

闵：通假字，同"悯"，表示担心，忧虑。

长（zhǎng）：生长，成长。

芒芒然：疲倦的样子。

其人：他家里的人。

病：筋疲力尽。

予：我。

趋：快走。

往：去，到……去。

槁（gǎo）：草木干枯。

(3) "揠苗助长"的意思：比喻违反事物发展的客观规律，急于求成，结果反而把事情弄糟。

2. 鹬蚌相争

(1) 原文(《战国策·燕策》)

赵且伐燕，苏代为燕谓惠王曰："今者臣来，过易水，蚌方出曝，而鹬啄其肉，蚌合而拑其喙。鹬曰：'今日不雨，明日不雨，即有死蚌。'蚌亦谓鹬曰：'今日不出，明日不出，即有死鹬。'两者不肯相舍，渔者得而并禽之。今赵且伐燕，燕、赵久相支，以弊大众，臣恐强秦之为渔父也。故愿王之熟计之也。"惠王曰："善。"乃止。

(2) 注释

且：将要。

伐：攻打。

苏代：战国时期谋士。

为燕：为了燕国的利益。

方：刚刚。

曝（pù）：晒太阳。

拑（qián）：夹住。

其：代词，它的。

喙（huì）：鸟的嘴巴。

雨：这里用作动词，下雨。

即：就，那就。

亦：也。

谓……曰：对……说。

相舍：互相放弃。

并：一起，一并。

禽：通假字，同"擒"。

弊：使疲惫，搞垮。

善：好，好的。

(3)“鹬蚌相争”的意思：比喻双方相持不下，必然两败俱伤，使第三者从中得利。

3. 郑人买履

(1) 原文(《韩非子·外储说左上》)

郑人有且置履者，先自度其足而置之其坐。至之市，而忘操之。已得履，乃曰：“吾忘持度。”反归取之。及反，市罢，遂不得履。

人曰：“何不试之以足?”曰：“宁信度，无自信也。”

(2) 注释

且置：且，将要。置，购买。

履：鞋子。

度：计算、测量。作名词用就是尺子。

之：代词，指量好的尺码。

坐：通假字，同“座”，这里指座位。

至之市：至，到。之，往，去。市，集市。

操：带上、拿着。

罢：罢了，完结，这里指集市已经解散。

无：没有，这里指不能、不可。

(3)“郑人买履”的意思：用来讽刺只信教条不顾实际的人。

4. 南辕北辙

(1) 原文(《战国策·魏策四》)

魏王欲攻邯郸，季梁闻之，中道而反，衣焦不申，头尘不去，往见王曰：“今者臣来，见人于大行，方北面而持其驾，告臣曰：‘我欲之楚。’臣曰：‘君之楚，将奚为北面?’曰：‘吾马良。’臣

曰：‘马虽良，此非楚之路也。’曰：‘吾用多。’臣曰：‘用虽多，此非楚之路也。’曰：‘吾御者善。’此数者愈善，而离楚愈远耳。今王动欲成霸王，举欲信于天下。恃王国之大，兵之精锐，而攻邯郸，以广地尊名，王之动愈数，而离王愈远耳，犹至楚而北行也。”此所谓南其辕而北其辙也。

（2）注释

衣焦：衣裳皱缩不平。

申：通假字，同“伸”，表示伸展、舒展。

大行：大路。

方：正在。

北：面向北方。

持其驾：驾着他的车。

之：去、到（动词）。

奚：为何。

用：费用，钱财。

御者善：车夫驾车的技术高超。御，驾驭车马。者，……的人。善，好。

而：表示转折，却。

动：行动。

举：举止。

信：取信。

恃：依靠，依仗。

广地尊名：使土地扩展，使有好的名声。广：使……广大，扩展。尊名：使名声尊贵，指有好的名声。

之：的（助词）。

离王愈远：距离称王的事业越来越远。

犹：如同，好像。

(3)“南辕北辙”的意思：比喻行动和目的正好相反。

5. 滥竽充数

(1) 原文（《韩非子·内储说上》）

齐宣王使人吹竽，必三百人。南郭处士请为王吹竽，宣王说之，廪食以数百人。宣王死，湣王立，好一一听之，处士逃。

(2) 注释

使：让。

处士：没有做官的读书人。

请：请求。

为：给，替。

说：通“悦”，对……感到高兴。

廪食：由公家供给粮食。廪，粮仓。

以：用，拿。

好（hào）：喜欢，喜好。

(3)“滥竽充数”的意思：比喻无本领的人冒充有本领，次货冒充好货。

6. 叶公好龙

(1) 原文（《新序·杂事五》）

叶公子高好龙，钩以写龙，凿以写龙，屋室雕文以写龙。于是天龙闻而下之，窥头于牖，施尾于堂。叶公见之，弃而还走，失其魂魄，五色无主。是叶公非好龙也，好夫似龙而非龙者也。

（2）注释

叶公：春秋时楚国叶县县令。

子高：叶公的字。

好：喜欢。

钩：衣服上的带钩。

写：画。

凿：通“爵”，古代饮酒的器具。

屋室雕文：房屋上雕刻的图案、花纹。“文”通“纹”。

闻：听说。

下之：下，下到人间；之，代词，它，即叶公的住所。

窥：这里是探看、偷看的意思。

牖（yǒu）：窗户。

施（yì）：延伸，同“拖”。

堂：厅堂。

还（xuán）走：转身就跑。还，通假字，通“旋”，转身。走，快速跑，这里指逃跑。

五色无主：脸部变色，惊恐万状。五色，青、黄、赤、白、黑，这里指脸色。

是叶公非好龙也：由此看来，叶公并不是真的喜欢龙。

（3）“叶公好龙”的意思：比喻表面喜欢某种事物，实际上并不真正喜欢。

7. 自相矛盾

（1）原文（《韩非子·难一》）

楚人有鬻盾与矛者，誉之曰：“盾之坚，莫能陷也。”又誉其矛曰：“吾矛之利，于物无不陷也。”或曰：“以子之矛陷子之盾，何

如？”其人弗能应也。夫不可陷之盾与无不陷之矛，不可同世而立。

(2) 注释

鬻（yù）：出售。

誉之：夸耀它（指盾）。誉，称赞，这里有夸耀、吹嘘的意思。

坚：坚硬。

陷：攻陷，这里有“穿透”“刺穿”的意思。

吾：我，我的。

利：锋利。

或：有人。

以：用。

子：你，你的。

弗：不。

应：回答。

夫：句首发语词，那。

(3)“自相矛盾”的意思：比喻一个人说话、行动前后抵触，不一致；也指同伙间的相互争吵或冲突。

8. 刻舟求剑

(1) 原文（《吕氏春秋·察今》）

楚人有涉江者，其剑自舟中坠于水，遽契其舟，曰：“是吾剑之所从坠。”舟止，从其所契者入水求之。舟已行矣，而剑不行，求剑若此，不亦惑乎？

(2) 注释

涉：过，渡。

者：……的人。

遽：急忙。

契：用刀刻（记号）。

是吾剑之所从坠：这是我的剑掉下去的地方。

若：像。

此：这样。

不亦惑乎：不是很糊涂吗？惑，愚蠢，糊涂。本句是一种委婉的反问句式。

（3）“刻舟求剑”的意思：比喻死守教条，拘泥成法，固执不知变通。

9. 守株待兔

（1）原文（《韩非子·五蠹》）

宋人有耕田者，田中有株，兔走触株，折颈而死，因释其耒而守株，冀复得兔，兔不可复得，而身为宋国笑。

（2）注释

株：露在地面上的断树根。

走：快跑。

耒（lěi）：古代的一种农具，形状像木叉。

冀：希望。

而身为宋国笑：而他自己却被宋国人耻笑。

（3）“守株待兔”的意思：比喻死守狭隘经验，不知变通，或抱着侥幸心理妄想不劳而获。

10. 掩耳盗铃

（1）原文（《吕氏春秋·自知》）

范氏之亡也，百姓有得钟者，欲负而走，则钟大不可负；以椎毁之，钟况然有音。恐人闻之而夺己也，遽掩其耳。恶人闻之，可也；恶己自闻之，悖矣。

（2）注释

范氏之亡也：范氏是春秋末期晋国的贵族，被其他四家贵族联合打败后逃到齐国。亡，逃亡。

钟：古代的一种重要乐器。

负：用背驮东西。

则：这里表转折，但是。

椎（chuí）：槌或棒。

况然：形容钟声。况，象声词。然，……的样子。

遽（jù）：急忙。

恶（e）：害怕。

悖（bèi）：荒谬。

（3）“掩耳盗铃”的意思：比喻自己欺骗自己，明明掩盖不住的事情偏要想法子掩盖。

【学学练练】

一、读了上面的古文故事后，你能够解释下列词句吗？

1. 今日病矣，予助苗长矣！
2. 渔者得而并禽之。
3. 先自度其足而置之其坐。
4. 犹至楚而北行也。
5. 好一一听之。
6. 是叶公非好龙也，好夫似龙而非龙者也。
7. 夫不可陷之盾与无不陷之矛，不可同世而立。
8. 从其所契者入水求之。
9. 因释其耒而守株。

10. 遽掩其耳。

二、下列句中均有“之”字，其中表示“去”“往”意思的句子是（　　）

1. 其子趋而往视之
2. 我欲之楚
3. 此非楚之路
4. 虎求百兽而食之，得狐。

第三课　你认识这些古代人物吗？

【读读记记】

一、聪明

1. 司马光

（1）原文（《宋史》）

光生七岁，凛然如成人，闻讲《左氏春秋》，爱之。退为家人讲，即了其大指。自是手不释书，至不知饥渴寒暑。群儿戏于庭，一儿登瓮，足跌没水中，众皆弃去，光持石击瓮破之，水迸，儿得活，其后京洛间画以为图。

（2）注释

生：长，长到。

凛然：严肃而可敬畏的样子。

成人：古代男子成年在20岁，并非如今的18岁。

指：通假字，通“旨”，主要意思。

至：至于，到达，甚至。

登瓮：站在大缸上。瓮，大缸。

去：离开。

迸：这里指水流出来。

（3）人物简介

司马光是北宋时期著名的政治家、史学家、文学家。他主持编纂了中国历史上第一部编年体通史《资治通鉴》。

2. 曹冲

（1）原文（《三国志》）

生五六岁，智意所及，有若成人之智。时孙权曾致巨象，太祖欲知其斤重，访之群下，咸莫能出其理。冲曰：“置象大船之上，而刻其水痕所至，称物以载之，则校可知矣。”太祖大悦，即施行焉。

（2）注释

智意：智慧。

及：达到。

若：如，好像。这里指相仿佛。

致：给予。这里指赠送。

太祖：指曹操，曹冲之父。

欲：想要。

访：询问。

群下：手下群臣。

咸：全、都。

理：办法；道理。

置：放。

物：物品。

校：通“较”，比较。

悦：高兴，开心。

施行焉：按这个办法做了。

尝：曾经。

(3) 人物简介

曹冲是曹操的儿子，从小聪明伶俐，深受曹操喜爱。曹操多次在大臣面前夸奖他，有让他继承王位的想法。可惜的是，曹冲十三岁就去世了。“曹冲称象”讲的就是他的故事。

二、机智

1. 王戎

(1) 原文（《世说新语·雅量》）

王戎七岁，尝与诸小儿游。看道边李树多子折枝，诸儿竞走取之，唯戎不动。人问之，答曰：“树在道边而多子，此必苦李。”取之，信然。

(2) 注释

尝：曾经。

诸：众多。

游：玩耍。

子：果实。

折枝：压弯了树枝。

竞走：抢着跑。走，快跑。

唯：只有。

必：一定。

信然：的确是这样。信，果真。

(3) 人物简介

王戎，西晋名士，与阮籍等交游，为“竹林七贤”之一。

2. 晏子

(1) 原文（《晏子春秋》）

景公好弋，使烛邹主鸟，而亡之。公怒，诏吏杀之。晏子曰："烛邹有罪三，请数之以其罪而杀之。"公曰："可。"于是召而数之公前，曰："烛邹！汝为吾君主鸟而亡之，是罪一也；使吾君以鸟之故杀人，是罪二也；使诸侯闻之，以吾君重鸟以轻士，是罪三也。"数烛邹罪已毕，请杀之。公曰："勿杀，寡人闻命矣。"

(2) 注释

弋（yì）：系着绳的箭，可用来射鸟。此处名词用作动词，用弋射，即用弋捕鸟。

使（使烛邹主鸟）：命令，派遣（上级对下级）。

烛邹：齐国大夫名。

主：掌管，主管，负责管理；也可翻译成"负责饲养"。

亡：丢失，逃跑，让……逃跑了，这里指让鸟逃走了。

诏：诏书，皇上的命令或文告。这里指给官吏下命令。

罪三：三条罪状。古代汉语中数词常常放在中心词后。下文的"罪一""罪二"用法与此相同。

请：请求。

数：历数；列举。

以（以其罪而杀之）：根据。

而：连词表承接。

汝：你。

是：这。

使（使吾君、使诸侯）：致使，让。

以（以鸟之故）：因为。

故：原因，缘故。

以（以吾君重鸟）：认为。

重：重视，以……为重。

轻：轻视，以……为轻。

士：商、西周、春秋时的贵族阶层，多为卿大夫的家臣；读书人。

毕：结束。

寡人：古代君主用于自称的谦词。

闻命：接受教导。命，命令，这里指教导。

（3）人物简介

晏子即晏婴，春秋时期齐国人。他是齐国著名的政治家、思想家、外交家。他聪颖机智，能言善辩，有较高的政治远见和外交才能。对内，他屡屡向齐王进谏；对外，他多次担任外交官出使他国且不辱使命，捍卫了齐国的尊严。

三、勇敢

1. 李广

（1）原文（《史记·李将军列传》）

广出猎，见草中石，以为虎而射之，中石没镞，视之，石也。因复更射之，终不能复入石矣。广所居郡闻有虎，尝自射之。及居右北平射虎，虎腾伤广，广亦竟射杀之。

（2）注释

中石：射中石头。

镞：用金属制作的箭头。

右北平：古地名，辖境约为今北京市东北部、河北省东北部、辽宁省西部、内蒙古赤峰市南部等地。

（3）人物简介

李广，西汉名将，善于骑射，长期抗击匈奴，被称为“飞将军”。公元前119年，漠北之战，李广担任前将军，因为部队失去向导而迷路，没能及时与大军汇合而延误了参战，他羞愧自杀。他死后，他军中的将士以及百姓都为之流泪。李广一生未能封侯，历代文人都为他感到惋惜。

2. 武松打虎（《水浒传》）

武松走了一直，酒力发作，焦热起来。一只手提着哨棒，一只手把胸膛前袒开，踉踉跄跄，直奔过乱树林来。见一块光挞挞大青石，把那哨棒倚在一边，放翻身体，却待要睡，只见发起一阵狂风来……

……那一阵风过处，只听得乱树背后扑地一声响，跳出一只吊睛白额大虫来。武松见了，叫声：“阿呀！”从青石上翻将下来，便拿那条哨棒在手里，闪在青石边。

那个大虫又饥又渴，把两只爪在地下略按一按，和身望上一扑，从半空里撺将下来。武松被那一惊，酒都做冷汗出了。说时迟，那时快，武松见大虫扑来，只一闪，闪在大虫背后。那大虫背后看人最难，便把前爪搭在地下，把腰胯一掀，掀将起来。武松只一躲，躲在一边。大虫见掀他不着，吼一声，却似半天里起个霹雳，振得那山冈也动，把这铁棒也似虎尾，倒竖起来只一剪。武松却又闪在一边。原来那大虫拿人，只是一扑，一掀，一剪；三般提不着时，气性先自没了一半。那大虫又剪不着，再吼了一声，一兜兜将回来。武松见那大虫复翻身回来，双手抡起哨棒，尽平生气力只一棒，从半空劈将下来。只听得一声响，簌簌地将那树连枝带叶劈脸打将下来。定睛看时，一棒劈不着大虫。原来打急了，正打在枯树上，把

那条哨棒折做两截，只拿得一半在手里。

那大虫咆哮，性发起来，翻身又只一扑，扑将来。武松又只一跳，却退了十步远。那大虫恰好把两只前爪搭在武松面前。武松将半截棒丢在一边，两只手就势把大虫顶花皮胳嗒地揪住，一按按将下来。那只大虫急要挣扎，被武松尽气力纳定，那里肯放半点儿松宽？武松把只脚望大虫面门上、眼睛里，只顾乱踢。那大虫咆哮起来，把身底下爬起两堆黄泥，做了一个土坑。武松把那大虫嘴直按下黄泥坑里去，那大虫吃武松奈何得没了些气力。武松把左手紧紧地揪住顶花皮，偷出右手来，提起铁锤般大小拳头，尽平生之力，只顾打。打到五七十拳，那大虫眼里、口里、鼻子里、耳朵里，都迸出鲜血来……

…………

……武松放了手，来松树边寻那打折的棒橛，拿在手里；只怕大虫不死，把棒橛又打了一回。那大虫气都没了，武松再寻思道："我就地拖得这死大虫下冈子去。"就血泊里双手来提时，那里提得动，原来使尽了气力，手脚都苏软了。

四、绝技

1. 唐打猎

(1) 原文(《阅微草堂笔记》)

族兄中涵知旌德县时，近城有虎，暴伤猎户数人，不能捕。邑人请曰："非聘徽州唐打猎，不能除此患也。"乃遣吏持币往。归报唐氏选艺至精者二人，行且至。至则一老翁，须发皓然，时咯咯作嗽，一童子十六七耳。大失望，姑命具食。老翁察中涵意不满，半跪启曰："闻此虎距城不五里，先往捕之，赐食未晚也。"遂命役导往。役至谷口，不敢行。老翁哂曰："我在，尔尚畏耶？"入谷将半，

老翁顾童子曰：“此畜似尚睡，汝呼之醒。”童子作虎啸声，果自林中出，径搏老翁。老翁手一短柄斧，纵八九寸，横半之，奋臂屹立，虎扑至，侧首让之。虎自顶上跃过，已血流仆地。视之，自颔下至尾间，皆触斧裂矣。乃厚赠遣之。

（2）注释

中涵：即纪中涵，当地的县令。

哂：微笑，讥笑。

尾闾：尾巴根部。

（3）人物简介

纪昀字晓岚，清代政治家、文学家，乾隆年间进士，官至礼部尚书、协办大学士。纪昀一生博览群书，工诗善文，长于考证训诂，曾经担任《四库全书》总纂官。年轻时的纪昀才华横溢，到了晚年内心世界日益封闭。著有短篇文言笔记小说集《阅微草堂笔记》。

2. 兰子献技

（1）原文（《列子·说符》）

宋有兰子者，以技干宋元。宋元召而使见其技。以双枝长倍其身，属其胫，并趋并驰。弄七剑，迭而跃之，五剑常在空中。元君大惊，立赐金帛。

又有兰子又能燕戏者，闻之，复以干元君。元君大怒曰：“昔有异技干寡人者，技无庸，适值寡人有欢心，故赐金帛。彼必闻此而进，复望吾赏。”拘而戮之，经月乃放。

（2）注释

兰子，以技妄游者，即走江湖的人。兰，通“阑”，妄。

属：连接，连缀。

拘而戮之：从文意看，应为“拘而拟戮之”，把他抓起来打算杀掉。

（3）故事启示

每个人的环境和机遇是不同的，或许你能做到他所做到的一切，但是，他成功的路不一定适合你走，当各种条件和因素变化的时候，结果也许正好相反。

【学学练练】

一、读了上面的古文后，你能够解释下面的句意吗？

1. 自是手不释书，至不知饥渴寒暑。
2. 访之群下，咸莫能出其理。
3. 树在道边而多子，此必苦李。
4. 景公好弋，使烛邹主鸟，而亡之。
5. 寡人闻命矣。
6. 以为虎而射之。
7. 老翁手一短柄斧，纵八九寸，横半之，奋臂屹立，虎扑至，侧首让之。虎自顶上跃过，已血流仆地。
8. 以双枝长倍其身，属其胫，并趋并驰。

二、读了上面的古文后，你能够回答下面的问题吗？

1. 司马光想出了特别的方法来救人，为什么说他聪明呢？
2. 在晏子历数烛邹的“罪状”后，为什么景公反而不杀烛邹了呢？
3. 武松用“躲”“闪”来应对老虎的扑、掀、剪，其中的“闪”字用得好在哪里？
4. 你读了《唐打猎》后，对祖孙合作打虎有哪些感悟？

三、阅读《北人不识菱》，完成题目

北人生而不识菱者，仕于南方。席上啖菱，并壳入口。或曰："啖菱须去壳。"其人自护其短，曰："我非不知，并壳者，欲以清热也。"问者曰："北土亦有此物否？"答曰："前山、后山，何地不有！"

（江盈科：《雪涛小说》）

1. "席上啖菱"的意思是（　　）。

2. "啖菱须去壳"中"去"的意思是（　　）。

（1）离开所在的地方到别处，与"来"相对。

（2）距离、差别。

（3）特指刚过去的一年。

（4）除掉、减掉、剥掉。

3. 写出"于"在下面句子里的意思

北人生而不识菱者，仕于南方。席上啖菱，并壳入口。（　　）

4. 作者记录这个故事是想阐明什么道理？

第四课　你知道这些苏州历史人物吗？

在历史长河中，苏州这座古城历经 2500 年，涌现了无数优秀的人物，这里给大家介绍的只是其中的部分代表。

【读读记记】

1. 泰伯

吴太伯，太伯弟仲雍，皆周太王之子，而王季历之兄也。季历贤，而有圣子昌，太王欲立季历以及昌，于是太伯、仲雍二人乃奔荆蛮，文身断发，示不可用，以避季历。季历果立，是为王季，而

昌为文王。太伯之奔荆蛮，自号句吴。荆蛮义之，从而归之千余家，立为吴太伯。（司马迁：《史记·吴太伯世家》）

翻译：吴太伯和他的弟弟仲雍都是周太王的儿子，周王季历的哥哥。季历贤德，又有一个有圣德的儿子叫昌，太王想立季历为王位继承人以便传位给昌，于是太伯、仲雍二人就逃往荆蛮之地，像当地的土著一样身刺花纹、剪短头发，表示自己不能继位，把王位继承权让给季历。季历果然继位，就是王季，而昌后来也成了文王。太伯逃到荆蛮后，自称“句（gōu，勾）吴”。荆蛮土著认为他有节义，追随他的人有一千余户，大家尊立他为吴太伯。

为纪念泰伯（《史记》中称“太伯”），东汉时期在无锡梅里修建了泰伯庙，这是江南地区第一座奉祀吴地开发始祖泰伯的庙宇。苏州的泰伯庙位于苏州市阊门内下塘街桃花坞历史文化片区。1982年，这座泰伯庙被列为苏州市文物保护单位。苏州市政府于2009年出资修复泰伯庙，增建前殿，使这处古建筑群焕然一新。

2. 言偃

言偃，字子游，春秋末年吴国（今江苏常熟）人，是孔子七十二贤人和“孔门十哲”之一。他与子夏合称为“游夏”。其因言行似孔子，有“南方夫子”之称。子游二十多岁时就担任了“武城宰”（武城在今山东费县西南），实践了孔子关于“君子学道则爱人，小人学道则易使”的教诲。

子游既已受业，为武城宰。孔子过，闻弦歌之声。孔子莞尔而笑曰：“割鸡焉用牛刀？”子游曰：“昔者偃闻诸夫子曰，君子学道则爱人，小人学道则易使。”孔子曰：“二三子，偃之言是也。前言戏之耳。”孔子以为子游习于文学。（司马迁：《史记·仲尼弟子列传》）

翻译：子游从孔子那里毕业之后做了武城宰。有一次，孔子来到武城，他听到处处有弦歌之声，便对言偃微微一笑道："割鸡焉用牛刀？"言偃恭敬地回答："以前老师曾教导我，做官的学习了礼乐就会有仁爱之心，老百姓学习了礼乐就容易听指挥。"孔子就对随同他一起来的学生说："同学们，言偃说得对呀。我刚才那句话不过是与他开个玩笑罢了。"孔子认为子游的特长是在文学方面。

由此可见，言偃不但能够学习孔子的理论，而且还能灵活地践行在自己的工作中。后来言偃辞官回乡讲学，对江南地区儒家文化的传播与发展起到了非常重要的作用。所以，言偃去世后能够进入孔庙，并且被尊为"南方夫子"。

3．孙武

孙武，后人尊为"孙子"，春秋时期齐国人，著名军事家、政治家，著有《孙子兵法》。孙武年轻时就阅读军事典籍《军政》，学习黄帝的作战经验以及名相伊尹、姜尚、管仲的用兵策略。约公元前517年（齐景公三十一年），孙武为躲避齐国之乱来到吴国，在吴都姑苏附近的穹窿山住下。一方面潜心研究兵法，著成兵书十三篇；一方面结交从楚国而来的伍子胥。伍子胥深知吴王阖闾抱负远大、求才若渴，也了解孙武的政治主张和军事才能，于是多次向吴王举荐孙武。吴王决定召见孙武，通过与孙武的交谈和对他的重重考验，最终任命他为上将军，孙武的军事生涯就此开始了。公元前496年，吴王阖闾不听孙武劝阻，出兵攻打新即位的越王勾践，结果大败而亡。后来，孙武与伍子胥帮助阖闾之子夫差治国练兵，一举打败越国。

孙子武者，齐人也。以兵法见于吴王阖庐。阖庐曰："子之十三篇，吾尽观之矣，可以小试勒兵乎？"对曰："可。"阖庐曰："可试以妇人乎?”曰:“可。”于是许之,出宫中美女,得百八十人。孙子分为二队,以王之宠姬二人各为队长,皆令持戟。令之曰:“汝知而心与左右手、背乎?”妇人曰:“知之。”孙子曰:“前,则视心;左,视左手;右,视右手;后,即视背。”妇人曰:“诺。”约束既布,乃设铁钺,即三令五申之。于是鼓之右,妇人大笑。孙子曰:“约束不明,申令不熟,将之罪也。”复三令五申而鼓之左,妇人复大笑。孙子曰:“约束不明,申令不熟,将之罪也;既已明而不如法者,吏士之罪也。”乃欲斩左右队长。吴王从台上观,见且斩爱姬,大骇。趣使使下令曰:“寡人已知将军能用兵矣。寡人非此二姬,食不甘味,愿勿斩也。”孙子曰:“臣既已受命为将,将在军,君命有所不受。”遂斩队长二人以徇。用其次为队长。于是复鼓之。妇人左右前后跪起皆中规矩绳墨,无敢出声。于是孙子使使报王曰:“兵既整齐,王可试下观之,唯王所欲用之,虽赴水火犹可也。”吴王曰:“将军罢休就舍,寡人不愿下观。”孙子曰:“王徒好其言,不能用其实。”于是阖庐知孙子能用兵,卒以为将。西破强楚,入郢,北威齐晋,显名诸侯,孙子与有力焉。(司马迁:《史记·孙子吴起列传》)

翻译:孙武是齐国人,他带着兵法去见吴王阖庐(又作“阖闾”)。阖庐说道:“您的十三篇兵法我都读过了,可不可以小小地练一下兵试试呢?”孙武回答道:“可以的。”阖庐问:“可以用妇人来尝试吗?”孙武道:“可以的。”于是吴王同意练兵,并命人从宫中选出一百八十名美女组成“军队”。孙武把这些人分成两队,让吴王的两名宠妃分别做这两队的队长,而且命令她们拿起了武器戟。孙武问她们:“你们知道心脏、左右手和后背的位置在哪里吗?”美女们答道:“知道。”孙武道:“我命令你们向前,你们就看向对方

心脏的位置，命令你们向左你们就看向左手，命令你们向右就看向右手，命令你们向后则看向对方的后背。”众美女道：“好。”军纪宣布完毕后，孙武就命人抬上了铡刀和斧头，又三令五申了军纪。于是开始操练，擂鼓要求向右，美女们大笑不止。孙武道：“军纪不明，申令不熟悉，这是将领的错误。”于是又三令五申了军纪。再命令擂鼓向左，众美女还是大笑不止。孙武道：“军纪不明，申令不熟悉，是将领的错。军纪已明而士兵不遵守，这是队长的错。”于是要将两个队长斩首治罪。吴王在台上观看练兵，见孙武要斩杀自己的爱妃，非常惊讶，赶紧命令手下向孙武传达自己的命令：“寡人已经知道孙将军擅长用兵了。如果没有这两个爱妃，我食不甘味啊，请将军不要斩杀她们吧。”孙武道：“臣既然已经被任命为将，将在军，君命有所不受。”于是将两名队长斩首以整肃军纪。替补了队长人选后又命令擂鼓操练。众美女前、后、左、右、跪下、起立都变得中规中矩了，没有人敢再发出声音。于是孙武派人向吴王报告说：“队伍已经操练整齐了，大王可以下来看看了。这支队伍完全能够服从您的命令，哪怕是赴汤蹈火也可以。”吴王道：“将军回去休息吧，我不愿意下来看。”孙武道：“原来大王仅仅是喜欢这些话，并不在意其实质啊。”从此以后阖庐就了解了孙武善于用兵，后来就任命他为将军。之后吴国军队能够西破强楚，一直攻进郢都；又在齐晋等国那里树立威信，大大提升吴国在诸侯中的地位，孙武贡献很大。

4. 伍子胥

伍子胥，名员，字子胥，楚国人，春秋末期吴国大夫、军事家。伍子胥的父亲伍奢因受费无忌谗害，和长子伍尚一同被楚平王杀害。于是，伍子胥从楚国逃到吴国，成为吴王阖闾的重臣。

阖闾谓子胥曰：“寡人欲强国霸王，何由而可？”伍子胥膝进垂泪顿首曰："臣楚国之亡虏也。父兄弃捐，骸骨不葬，魂不血食。蒙罪受辱来归命于大王，幸不加戮，何敢与政事焉?"阖闾曰："非夫子，寡人不免于縶御之使；今幸奉一言之教，乃至于斯。何为中道生进退耶?"子胥曰："臣闻谋议之臣，何足处于危亡之地，然忧除事定，必不为君主所亲。"阖闾曰："不然。寡人非子无所尽议，何得让乎？吾国僻远，顾在东南之地，险阻润湿，又有江海之害；君无守御，民无所依；仓库不设，田畴不垦。为之奈何?"子胥良久对曰："臣闻治国之道，安君理民是其上者。"阖闾曰："安君治民，其术奈何?"子胥曰："凡欲安君治民，兴霸成王，从近制远者，必先立城郭，设守备，实仓廪，治兵库。斯则其术也。"阖闾曰："善。夫筑城郭，立仓库，因地制宜，岂有天气之数以威邻国者乎?"子胥曰："有。"阖闾曰："寡人委计于子。"（赵晔：《吴越春秋·阖闾内传第四》）

这段话说的是阖闾登上吴王宝座后任用贤才，伍子胥便是吴国招来的贤才。阖闾倚重伍子胥，国家大事都与他商量。

翻译：阖闾问伍子胥："寡人想让吴国强盛起来，尽快雄霸天下，从哪里入手比较好呢?"伍子胥两眼流泪、双膝跪地叩首道："我是从楚国逃亡过来的，我的父兄都被楚王杀害，我连他们的尸骨都无法殓葬，他们的灵魂也得不到祭祀。我蒙罪受辱来投奔大王，幸亏大王不杀我，还收留我，我怎么敢参与国家政事呢?"阖闾说道："如果没有先生，寡人免不了还要屈居人下，幸亏听从您的建议，我才有了现在这个样子。先生为何中途又有了退意呢?"伍子胥道："我只是一个客居此地的谋士，怎敢凌驾在吴国众多谋臣之上呢？何况臣的大仇未报，家不平何以平天下?"阖闾道："不是这样吧。没有先生寡人就无法议定重大事项，您还需要推辞吗？我国地

处偏远的东南地区，交通不便，多雨潮湿，又多有江海灾害。国家没有防御措施，老百姓无所依靠；没有建仓库做好储备，田地荒芜，少有开垦。有没有什么办法改变这种状况呢?”伍子胥沉思良久后答道:“臣听说治国之道中，让君主安心、让百姓懂道理是上策。”阖闾道 :“那么有什么办法来安君治民呢?”伍子胥道:“大凡想要安君治民、以近制远做霸主者，一定要先建城郭、设立防守系统，充实仓库，加强军事武装。这就是安君治民的良方啊。”阖闾道:“好主意。除了因地制宜地建城郭、充实仓库之外，还有什么让吴国在邻国树立威信的办法吗?”伍子胥道:“有的。”阖闾道:“寡人要请教先生了。”

于是在伍子胥的主持下，一座周长有 47 里多，有 8 座陆门、8 座水门的姑苏大城就屹立在了太湖之滨。

伍子胥有大功于吴国，他辅佐阖闾使吴国国力有了很大的提升，吴国一跃而为当时的霸主之一。可惜，这样一个功臣，却在老吴王阖闾死后被新吴王夫差赐死。吴人感念他的贡献，将苏州的一座城门命名为“胥门”，又在每年五月端午这天吃粽子、划龙舟纪念他。

5. 陆机

陆机，字士衡，吴郡吴县（今江苏苏州）人。西晋著名文学家、书法家。为孙吴丞相陆逊之孙，与其弟陆云合称“二陆”，与潘岳合称“潘江陆海”，又与顾荣、陆云并称“洛阳三俊”。

陆机少有奇才，文章冠世，被誉为“太康之英”。陆机也很擅长书法，他的《平复帖》是迄今为止已知的存世最早的名人书法真迹，也是历史上第一件流传有序的法帖墨迹，有“法帖之祖”的美誉，被评为我国文物中的九大“镇国之宝”之一。

6. 张僧繇

张僧繇，吴郡吴中（今江苏苏州）人。南北朝时期梁朝大臣，著名画家。与顾恺之、陆探微、吴道子并称为“画家四祖”，他的绘画艺术对后世影响深远，唐朝画家阎立本和吴道子都远师于他。

金陵安乐寺四白龙不点眼睛，每云：“点睛即飞去。”人以为妄诞，固请点之。须臾，雷电破壁，两龙乘云腾去上天，二龙未点眼者见在。（张彦远：《历代名画记》卷七）

翻译：张僧繇曾经在金陵安乐寺的墙壁上画了四条龙，但是没有点睛。每次他都说：“一旦点了睛，龙就会飞走了。”大家都觉得他说得有点荒诞，坚持要他给龙点睛（张僧繇就给其中两条龙点了眼睛）。不一会儿，雷电击倒了墙壁，已经点好睛的两条龙乘云飞上天去，那两条尚未点睛的龙都还在墙上。

“画龙点睛”这个成语比喻说话或做事时关键部位处理得好，使整体效果更加传神。

7. 张旭

张旭，唐朝著名书法家，后世尊为“草圣”，吴县（今江苏苏州）人，与怀素齐名。其草书与李白诗歌、裴旻剑舞合称为“三绝”。张旭喜欢饮酒，与李白、贺知章等人共列“饮中八仙”。他每次喝醉后都号呼狂走，索笔挥洒，时人称其为“张颠”。

北京大学教授、引碑入草的开创者李志敏评价张旭是从“孤蓬自振”和“惊沙坐飞”中悟得奇怪之态，又从公孙大娘舞剑中悟得低昂回翔之状。说张旭正是以造化为师，墨池功深，才成为狂草大师。

张旭草书得笔法，后传崔邈、颜真卿。旭言：“始吾见公主、担夫争路，而得笔法之意。后见公孙氏舞剑器，而得其神。”旭饮酒辄

草书，挥笔而大叫，以头揾水墨中而书之，天下呼为“张颠”。醒后自视，以为神异，不可复得。后辈言笔札者，欧、虞、褚、薛，或有异论，至张长史，无间言矣。（李肇：《唐国史补》卷上）

翻译：张旭深得草书笔法，后来传授给了崔邈、颜真卿。张旭说：“开始时，我看见公主与挑夫争着过路而悟得草书笔法的意境。后来观看公孙大娘舞剑而悟得草书笔法的神韵。”张旭每次饮酒醉时就草书，而且还挥笔大叫，将头浸入墨汁中用头书写，世人称他为“张颠”。酒醒后张旭回看自己写的字，认为它很神异，自己再也写不出来了。后人评论书法名家，对于欧阳询、虞世南、褚遂良、薛稷四人，或许有不同的意见，但论到张旭，就都没有异议了。

8. 白居易

白居易，唐代伟大的现实主义诗人，有“诗魔”和“诗王”之称。与元稹合称“元白”，与刘禹锡并称“刘白”。他以诗纪事，诗歌题材广泛，形式多样，语言通俗易懂。

《唐才子传》中有这样一段记载白居易的文字：

居易字乐天，太原下邽人。弱冠，名未振，观光上国，谒顾况。况，吴人，恃才少所推可，因谑之曰：“长安百物皆贵，居大不易。”及览诗卷至“离离原上草，一岁一枯荣。野火烧不尽，春风吹又生”，乃叹曰：“有句如此，居天下亦不难。老夫前言戏之耳。”（辛文房：《唐才子传》卷六）

翻译：白居易字乐天，太原下邽人。他在年近二十还没有出名的时候，（有一次）去京城游玩，拜见（当时的名流）顾况。顾况是吴地（苏州）人，对自己的才华很自负，很少有被他认可的诗人，于是就取笑白居易说：“长安城什么东西都贵，想要‘居’于此，是非常不容易的。”等到翻阅白居易诗卷，读到“离离原上草，一岁一枯荣。野火烧不尽，春风吹又生”这几句诗时，他又感慨道：“能写出这样的诗句，想居天下都不难。老夫我之前的话是跟他开玩笑的啦。”

每成篇，必令其家老妪读之，问解则录。后人评白诗如山东父老课农桑，言言皆实者也。鸡林国行贾售于其国相，率篇百金，伪者即能辨之。（辛文房：《唐才子传》卷六）

翻译：白居易每写成一首诗，必定让他家里的老婆婆先读一读，直到老婆婆理解了才抄录下来。后人评价白居易的诗作像崤山以东的百姓谈论农桑之事，字字句句都非常朴实。鸡林国的商人把白居易的诗作卖给他们的国相，每篇都值一百两银子，如果是伪造的，马上就能分辨出来。

白居易与苏州有着不解之缘。公元825年，白居易被任命为苏州刺史。上任后不久，他坐轿子到虎丘去，看到附近河道淤塞，水路不通。回衙后，他就立即找来官吏商量，很快决定围绕虎丘山开河筑路。他主持开凿的河道东起阊门渡僧桥附近，西至虎丘望山桥，长约7里，这条河就是闻名遐迩的山塘河，俗语有“七里山塘到虎丘”一说。山塘河的开凿和山塘街的修建，大大便利了周边的灌溉和交通，这一带成了热闹繁华的市井。苏州百姓非常感激白居易，他离任后，苏州百姓即把山塘街称为“白公堤”，还修建了白公祠，以作纪念。

走在这条青石板铺就的街巷，只见游人如织，摩肩接踵。商铺也是鳞次栉比，大红灯笼高挂，一派热闹繁华景象。难怪曹雪芹要在《红楼梦》中把阊门、山塘一带称为“最是红尘中一二等富贵风流之地”！

9. 陆龟蒙

陆龟蒙，号甫里先生，苏州人。唐代农学家、文学家，曾任湖州、苏州刺史幕僚，后隐居松江甫里（今苏州甪直镇），陆龟蒙与皮日休交游颇多，世称“皮陆”。

陆龟蒙卧病笠泽期间自编《笠泽丛书》四卷，是诗、赋、颂、铭、记等文体的杂文集，不分类次，故名“丛书”。“丛书”一词即从他开始流行。

陆龟蒙小品文的成就比他的诗高。《野庙碑》等篇对当时残暴腐朽的封建统治者以及封建迷信作了辛辣的讽刺，具有独特的光彩和锋芒。

牲酒之奠，缺于家可也，缺于神不可也。一日懈怠，祸亦随作，耄孺畜牧栗栗然。疾病死丧，甿不曰适丁其时耶！而自惑其生，悉归之神。（陆龟蒙：《笠泽丛书·野庙碑》）

翻译：平时祭祀用的家畜和酒食，宁可家里缺少，也不能让神像缺少。如果有一天祭拜不勤勉，灾祸就会降临，老人小孩、家畜牛马都战战兢兢。疾痛死丧，村民们无不认为是恰巧碰到了这样的时机！自己不明白生老病死的规律，而是将这些全部归结到神的身上。

10. 范仲淹

范仲淹，苏州吴县人。北宋杰出的思想家、政治家、文学家。

范仲淹政绩卓著，文学成就突出。他倡导的“先天下之忧而忧，后天下之乐而乐”思想和仁人志士节操，对后世影响深远。

嗟夫！予尝求古仁人之心，或异二者之为，何哉？不以物喜，不以己悲；居庙堂之高则忧其民；处江湖之远则忧其君。是进亦忧，退亦忧。然则何时而乐耶？其必曰“先天下之忧而忧，后天下之乐

而乐”乎。噫！微斯人，吾谁与归？（范仲淹：《岳阳楼记》）

翻译：唉！我曾经探求过古时候品德高尚的人的思想，或许不同于（以上）两种心情，这是为什么呢？（是由于）不因外物好坏和自己得失而或喜或悲。在朝廷做官时，就为百姓担忧；在江湖上不做官时，就为国君担忧。这样来说在朝廷做官也担忧，在僻远的江湖也担忧。既然这样，那么什么时候才会感到快乐呢？他们一定会说：“在天下人忧之前先忧，在天下人乐之后才乐。”唉！如果没有这种人，我同谁一道呢？

景祐元年（1034），范仲淹从睦州调到苏州任知州。他在苏州南园买到一块“风水宝地”，有人向范仲淹贺喜道：“这是块贵地，今后您家中定有公卿相继出世。”范仲淹听了笑道：“与其让我家独占贵地，倒不如让出来建府学，使士人在此受教育，那样公卿将相不是更多吗？”不久，范仲淹就让出这块宝地在上面建起了府学，这也是苏州府学的创始，地点就在现在的苏州文庙所在地。范仲淹亲自出面邀请著名学者胡瑗来掌教，自己也在书院讲学。胡瑗也不负所托，创立了一系列先进的书院管理制度和领先于当时的教学方法。范仲淹和胡瑗的办学思想和办学方法直接影响了后世的书院教学，并成为典范。宋以后苏州人才辈出，所出状元人数全国第一，苏州人说这是范仲淹的功劳。

现在，苏州文庙的明伦堂被布置成了范仲淹纪念堂。明伦堂正中是范仲淹的高大坐像，高冠红袍，很有气势。座前楹联取范公《岳阳楼记》名句：“居庙堂之高则忧其民，处江湖之远则忧其君。”这是范公一生行事的浓缩。坐像两侧有范公的诗文，更难得的是还有范公的书法作品《道服赞》和《伯夷颂》。范公的书法雍容典雅，字如其人。

11. 范成大

范成大，字致能，晚号石湖居士，苏州人，南宋著名诗人。曾临危奉命出使金国，坚强不屈，不辱使命，几乎被杀。他在使金途中所作的不少诗歌，表达了渴望国家统一的强烈爱国主义思想。石湖是范成大的归隐之地，范成大在那里依随地势高下建造亭台楼榭，遍植花木。宋孝宗题了“石湖”二字赐给范成大，于是就有了“石湖别墅”之称。这座别墅因人而名盛，与湖山风光相得益彰，为时人所倾倒，人们竞相为之赋诗作文，成为一时盛事。

范成大擅长写诗，与杨万里、陆游、尤袤齐名，合称“南宋四家”。其在石湖所作《田园四时杂兴》诗60首，描写农村风光和民生疾苦，尤为突出，是他一生田园诗作的代表。

12. 况钟

况钟，江西靖安县人，宣德五年（1430）出任苏州知府。上任伊始，为了能够发现官场问题，他故意碌碌无为，一任群吏为所欲为。过了一段时间后，他突然召集僚属，当堂列举罪证，依律杖毙数人，并惩治罢免了常熟、昆山等地的12名县级贪官庸吏。这一下，苏州吏治为之一振。

况钟在到任的头八个月里共清理案件1000余件。经他过问的案件，百姓不叫冤，土豪不敢再为非作歹。况钟深知苏州赋役一向繁重，在巡抚周忱的支持下，他锐意改革，向朝廷力奏减免70余万石税粮，并制定了许多合理的征粮输赋办法，真正减轻了苏州农民的负担。他还设置济农仓以防饥备荒，设置善恶簿以奖善惩恶，设置通关勘合簿以防诈伪，设置纲运簿以防运夫侵盗，设置馆夫簿以防非理需求。由于他兴利除害不遗余力，除暴安良深得民心，苏州人民尊称他为“况青天”。

况钟严于律己，生活十分俭朴，每顿饭仅一荤一素而已。他任苏州知府13年，家里未置一间房、未添一垄地。为杜绝吏役舞弊现象，凡衙内奏章榜谕、诉讼文字，他均亲自动手。他非常重视文教，对寒门儒生之贤良者关怀备至，常以薪俸周济他们，培养荐举了一批有用之才。他治苏数年成绩斐然，朝廷多次褒奖他。

重学校，礼文儒，单门寒士多见振赡。有邹亮者，献诗于钟。钟欲荐之，或为匿名书毁亮。钟曰："是欲我速成亮名耳。"立奏之朝。召授吏、刑二部司务。（张廷玉：《明史》卷一六一）

翻译：况钟重视学校教育，礼敬文人儒士，不少贫寒之家的读书人都受到过他的帮助。有个名叫邹亮的人献诗给况钟，况钟想要推荐他，有人就写了匿名书信诋毁邹亮。况钟说道："这是想让我更快地帮邹亮成名啊。"他当即奏明朝廷，朝廷于是对邹亮委以吏、刑二部司务的重任。

宣德六年（1431），况钟因为母亲去世首次离任回家乡奔丧。他一走，苏州府的奸吏又开始无法无天，一些弊端又都故态复萌了。不久，郡中许多人联名上书，请求朝廷让况钟回苏州工作。皇帝于是命令况钟不必弃官去职，而穿着素服办公。宣德七年（1432），况钟一回苏州，便使当地法纪复振。

宣德十年（1435），况钟任期满后必须进京述职，于是第二次离任。苏州人民怀念况钟，担心他此去"朝京"而不回。一直到来年春天况钟返回苏州后，苏州人民才放下心。

况钟第三次离任是在正统四年（1439）。这一年，他在苏州任知府已满九年，照例应加升一等赴吏部候升。当时又有上万人联名上书挽留况钟，皇上见状，只好提拔况钟为正三品官，仍留任苏州。

况钟第三次返苏时，百姓不远数百里之遥来欢迎他，可见他在

民众心目中的地位。

苏州人民把况钟比作“青天”，当时有这样的民间歌谣：“况太守，民父母，众怀恩，回去后，愿复来，养田叟。”

1443年初况钟卒于苏州任上，享年60岁。当时苏州乃至周边百姓前往吊唁者络绎不绝。

苏州百姓为了纪念这位好官，建了况公祠。现在的况公祠位于苏州市姑苏区的西美巷内，已被列为苏州市文物保护单位。在苏州名园沧浪亭的五百名贤祠内，况钟的砖刻画像上有“青天之誉，公无愧焉”的赞语。

况钟在苏州任职期间最著名的故事就是《十五贯》。故事说的是明成祖永乐年间，无锡县屠户尤葫芦遭人杀害，他的十五贯铜钱又被偷盗。县令过于执错断尤葫芦养女苏戌娟与途中相识的客商熊友兰通奸害命，杀父盗财。二人性命不保。幸亏苏州知府况钟不辞劳苦，明察暗访，最终使真凶娄阿鼠落入法网，冤案得以昭雪。这个故事中的况钟是一位刚正不阿、执法如山、为民做主的清官。

13．蒯祥

蒯祥，苏州人，明太祖洪武三十年（1397）出生于一个木工家庭。蒯祥的父亲蒯富有高超的技艺，被明王朝选入京师（金陵），当了总管建筑皇宫的“木工首”。蒯祥自幼随父学艺，父亲告老还乡时，他已在木工技艺和营造设计上成名，于是继承父业，出任“木工首”，后官至工部侍郎。

明永乐十五年（1417），明成祖从金陵北迁时，征召全国各地工匠前往北京继续大兴土木。蒯祥作为明成祖的随从人员，先期北上，参加皇宫的建筑设计。蒯祥由于设计水平高超，被任命为皇宫重大工程的设计师。他的第一项任务就是负责设计和组织施工作为皇宫正门的承天门。这项工程在蒯祥的运筹下于永乐十九年（1421）竣工，当时其城楼形状与今日大致相仿，但规模较小，这就是最早的天安门。承天门建成之后，受到文武百官的称赞，永乐皇帝龙颜大悦，称蒯祥为“蒯鲁班”。

蒯祥在建筑学上的创造已达到炉火纯青的程度。他精通尺度计算，每项工程在施工前都作了精确的计算。竣工之后，建筑物的位置、距离、大小尺寸等与设计图分毫不差，其几何原理掌握得相当好。蒯祥不论在用料还是在施工等方面都精心筹划，营造的榫卯骨架都结合得十分准确、牢固。在北京皇宫府第的建筑中，蒯祥还巧妙地运用了江南的建筑艺术，他采用苏州彩画、琉璃金砖，将皇家的殿堂楼阁装点得富丽堂皇。

明成化十七年（1481），蒯祥在北京病逝。皇帝闻讯后派人致哀，追赠蒯祥的祖父和父亲为侍郎，荫封两子，一为锦衣千户、一为国子监生，并将蒯祥当年的居住处、营造业工匠聚集的那条巷子命名为“蒯侍郎胡同”。蒯祥病逝后，归葬于故乡太湖之滨，墓碑右侧立有明英宗钦赐的“奉天诰命”碑。此墓被列为江苏省重点文物保护单位，而蒯鲁班留下的天安门建筑则是华夏之宝、民族之光。

14. *唐寅*

唐寅，字伯虎，号六如居士、桃花庵主等，明代著名书画家、诗人。29 岁中乡试第一，次年因科场舞弊案而被牵连入狱，后被贬为小吏。突发的变故让唐寅丧失了进取心，从此他游荡江湖，埋首诗画，终成一代名画家。其与沈周、文徵明、仇英齐名画苑，被合称为“明四家”。唐寅又善书法，和沈周、文徵明、祝允明、王宠同为明代中期的中兴书法家。其与文徵明、祝允明、徐祯卿并誉为“吴门四才子”。

唐寅才华横溢、锋芒毕露，却年少失意，看破官场后厌弃仕途，最终采取了与中国历史上许多文人相同的生活方式：消极避世。他的书画及诗作中既有状若疯癫的高傲，又有看破红尘的轻狂，看似洒脱不羁，却又隐隐透出世人皆醉我独醒的孤独意味，其深埋在心底的怀才无处遇、抱负不可舒的性情也可略见一斑。

15. 王鏊

王鏊，明代文学家，苏州市吴中区东山镇陆巷人。王鏊秉性耿介，任翰林院编修时与宦官刘瑾势力作斗争，但终因刘瑾专横、自己力薄而辞官返回故里。之后蛰居东山 14 年。其间廷臣交相荐举，他都不复出。著有《姑苏志》等。其墓表坊上镌有唐寅所书“海内文章第一，山中宰相无双”对联。

交则泰，不交则否，自古皆然，而不交之弊，未有如近世之甚者。君臣相见，止于视朝数刻；上下之间，章奏批答相关接，刑名法度相维持而已。非独沿袭故事，亦其地势使然。何也？国家常朝于奉天门，未尝一日废，可谓勤矣。然堂陛悬绝，威仪赫奕，御史纠仪，鸿胪举不如法，通政司引奏，上特视之，谢恩见辞，惴惴而退，上何尝治一事，下何尝进一言哉？此无他，地势悬绝，所谓堂上远于万里，虽欲言无由言也。（吴楚材、吴调侯：《古文观止》卷十二）

翻译：上下通气就泰，上下阻隔就否，自古以来都是这样。但上下不通气的弊病，没有像近代这样厉害的了。君臣互相见面，只在皇上临朝的短时间内。上下之间只不过靠奏章、批答互相关联，用名分、法度彼此维持罢了。这不单是遵循老规矩，也是地位和权势使他们这样。为什么呢？皇上常常在奉天门上朝，从来没有一天间断过，可说是勤于政事了；但是朝堂和台阶相距很远，皇帝的威仪显赫盛大，御史纠察朝见的礼仪，鸿胪检举不合规矩的行动，通政使代为呈上奏章，皇上只是随意看看，臣子就谢恩拜辞，心神不安地退下来了。皇上何尝处理过一件事，臣子又何尝说过一句话呢？这没有其他原因，只因地位和权势悬殊，所谓天子近在堂上却比万里之外还远，做大臣的即使想进言也无从说起啊。

16. 文徵明

文徵明，明代著名书法家，苏州人。以诗、书、画“三绝”兼擅，驰誉艺苑，名满天下。沈周、唐寅去世后，文徵明被推为吴门画坛领袖。

苏州的拙政园里有一株紫藤，据说是文徵明手植，已经有500年历史了。

徵明乞归益力，乃获致仕。四方乞诗文书画者接踵于道，而富贵人不易得片楮，尤不肯与王府及中人，曰：“此法所禁也。”周、徽诸王以宝玩为赠，不启封而还之。外国使者道吴门，望里肃拜，以不获见为恨。文笔遍天下，门下士赝作者颇多，徵明亦不禁。（张廷玉：《明史》卷二八七）

翻译：文徵明晚年请求还乡，终于被批准了。从四方来向他讨要诗文书画的人络绎不绝，但富贵人家轻易得不到他的字画。文徵明尤其不肯赠给王府以及宫内的人，他说：“这是法律所禁止的。”周王、徽王等王爷把珍宝古玩送给他，他不启封就还给他们了。外国使者经过吴门，向着他居住的街巷行礼，以得不到他接见为遗憾。他的作品遍天下，他的学生中临摹他作品的人也很多，文徵明也不禁止他们。

17. 冯梦龙

冯梦龙，明代著名文学家、戏曲家，苏州人。冯梦龙年少时就

很有才华，可惜怀才不遇。他才情跌宕，诗文丽藻，涉及很多领域。他辑有话本集《喻世明言》《警世通言》《醒世恒言》，世称“三言”，与明代凌濛初的《初刻拍案惊奇》《二刻拍案惊奇》合称“三言二拍”，是中国古代白话短篇小说的经典代表。冯梦龙以其对小说、戏曲、民歌、笑话等通俗文学的创作、搜集、整理、编辑，为中国文学做出了独特的贡献。他与其兄梦桂、弟梦熊合称“吴下三冯”。

冯梦龙有不少作品脍炙人口，至今流传。《蝙蝠骑墙》就是一例。

凤凰寿，百鸟朝贺，唯蝙蝠不至。凤责之曰：“汝居吾下，何倨傲乎?”蝠曰：“吾有足，属于兽，贺汝何用?”一日，麒麟生诞，蝠亦不至，麟亦责之。蝠曰：“吾有翼，属于禽，何以贺与?”麟、凤相会，语及蝙蝠之事，互相慨叹曰：“如今世上恶薄，偏生此等不禽不兽之徒，真个无奈他何!”（冯梦龙：《笑府》）

翻译：凤凰过生日，百鸟都来祝贺，唯独蝙蝠没有露面。凤凰训斥道：“你在我的管辖之下，怎么能这样傲慢?”蝙蝠说：“我长着兽脚，属于走兽类，凭什么要向你祝贺?”一天，麒麟做寿，蝙蝠仍旧没有露面。麒麟也责怪它。蝙蝠说：“我长着双翅，属于飞禽类，怎么要向你祝贺?”有一天，凤凰和麒麟相会了，提到蝙蝠，它们互相感叹道：“现在的世风也太坏了，偏偏生出这样不禽不兽的家伙，真是拿他没有办法!”

18. 金圣叹

金圣叹，名采，字若采，后改名人瑞，字圣叹，吴县诸生。为人倜傥，清高孤傲。好饮酒，擅长写文章，其评点议论都是发前人之所未发。

鼎革后，绝意仕进，更名人瑞，字圣叹，除朋从谈笑外，惟兀坐贯华堂中读书著述为务。或问“圣叹”二字何义，先生曰：“《论语》有两‘喟然叹曰’，在颜渊为叹圣，在与点则为圣叹。”（廖燕：《二十七松堂集·金圣叹先生传》）

翻译：鼎革后的金圣叹放弃了科举仕进之路，改名为“人瑞”，字“圣叹”。除了和志同道合的朋友们交往之外，整日坐在家里以读书著述为第一要务。有人问他“圣叹”是什么含义，先生答道：“孔子在《论语》里有两个‘喟然叹曰’，发生在颜渊那段是赞扬颜渊的‘圣’，发生在曾点那段则是‘圣人之叹’。”

明末清初，中国文坛上出现了一个惊天动地的文学大批评家，他一生真正践行了富贵不能淫、贫贱不能移、威武不能屈的价值取向。他受到民国大师的集体致敬，鲁迅说他是最有名的人；胡适说他有眼光、有胆色，为17世纪的一个大怪杰；林语堂称他是“十七世纪伟大的印象主义批评家”。他就是咱们苏州的金圣叹。

金圣叹的主要成就在于文学批评，他对《水浒传》《西厢记》等名著及杜甫等名家的诗歌都有评点。

金圣叹提高了通俗文学的地位，提出了“六才子书”之说，使小说、戏曲与传统的经、传、诗歌并驾齐驱，在中国文学史批评上占有重要地位。

19. 顾炎武

顾炎武是明朝苏州府昆山（今江苏省昆山市）千灯镇人，本名绛，明末南都败后，因为仰慕文天祥学生王炎午的为人，改名炎武。因故居旁有亭林湖，学者尊他为“亭林先生”。顾炎武是明末清初杰出的思想家、经学家、史地学家和音韵学家，与黄宗羲、王夫之并称为明末清初“三大儒”。

顾炎武的名句有：

天下兴亡，匹夫有责。

风声雨声读书声声声入耳，家事国事天下事事事关心。

天下无不可变之风俗。

不廉，则无所不取；不耻，则无所不为。

人之为学，不可自小，又不可自大。

不廉则无所不取，不耻则无所不为。

君子之为学，以明道也，以救世也。徒以诗文而已，所谓雕虫篆刻，亦何益哉！

拯斯人于涂炭，为万世开太平，此吾辈之任也。仁以为己任，死而后已。

目击世趋，方知治乱之关必在人心风俗，而所以转移人心整顿风俗，则教化纪纲为不可缺矣。

20. 俞樾

俞樾，浙江德清人，清代著名学者、朴学大师。30 岁后移居苏州，潜心学术达 40 余载。俞樾治学以经学为主，旁及诸子学、史学、训诂学，乃至戏曲、诗词、小说、书法等，可谓博大精深，海内及日本、朝鲜等国向他求学的人非常多。

俞樾书法别具一格，尤工大字。清末光绪三十二年（1906），江苏巡抚陈夔龙重修寒山寺时，有感于沧桑变迁，张继《枫桥夜泊》古碑不存，便请俞樾手书了第三块《枫桥夜泊》石碑。其时，俞樾虽已 86 岁高龄，但仍以饱满的情怀、稳重的章法、浑圆的笔意、挥洒淋漓，一气呵成。俞樾作书后没有多少天便倏然长逝了，所题诗碑遂成为绝笔。

清光绪元年（1875），俞樾在友人的资助下在苏州城内买下一块废地，他亲自设计，利用弯曲的地形凿池叠石，栽花种竹，建屋30余楹，他将这座园林取名为“曲园”，并自号为“曲园老人”。曲园内有一座轩敞明亮的厅堂——春在堂，这是曲园的主要建筑之一。据说俞樾在北京参加殿试时，试卷的诗题为“淡烟疏雨落花天”，俞樾依题作诗，首句为“花落春仍在”，由于蹊径独辟，深得阅卷官曾国藩的赏识，结果俞樾名列前茅。之后俞樾便以“春在”作为堂名。春在堂之东是乐知堂，为全园的正厅，取“乐天而知命”之意，堂中一副楹联为俞樾所撰、当代书法家张辛稼书写：“三多以外有三多，多德多才多觉悟；四美之先标四美，美名美寿美儿孙。”这是俞樾人生观的表露。

俞樾先生在曲园中自题诗曰：

园中一曲柳千条，
但觉扶疏绿荫绕；
为惜明月无可坐，
故于水面强为桥。
平铺石板俨成路，
俯倚红栏刚及腰；
处置梯桄通小阁，
差堪布席置茶铫。

【学学练练】

一、你能说出下列句子的意思吗？

1. 将在军，君命有所不受。
2. 人以为妄诞，固请点之。
3. 不以物喜，不以己悲。

4. 最是红尘中一二等富贵风流之地。

5. 不廉，则无所不取；不耻，则无所不为。

二、你能读懂唐寅的这首诗吗？

我画蓝江水悠悠，爱晚亭上枫叶愁。

秋月融融照佛寺，香烟袅袅绕经楼。

三、下面这段文字选自《史记·伍子胥列传》，仔细读读，完成后面的练习。

始伍员与申包胥为交，员之亡也，谓包胥曰：“我必覆楚。”包胥曰：“我必存之。”及吴兵入郢，伍子胥求昭王。既不得，乃掘楚平王墓，出其尸，鞭之三百，然后已。申包胥亡于山中，使人谓子胥曰：“子之报仇，其以甚乎！吾闻之，人众者胜天，天定亦能破人。今子故平王之臣，亲北面而事之，今至于僇死人，此岂其无天道之极乎！”伍子胥曰：“为我谢申包胥曰，吾日莫途远，吾故倒行而逆施之。”于是申包胥走秦告急，求救于秦。秦不许。包胥立于秦廷，昼夜哭，七日七夜不绝其声。秦哀公怜之，曰：“楚虽无道，有臣若是，可无存乎？”乃遣车五百乘救楚击吴，六月败吴兵于稷。

1. 你能说出这段话大概讲了一件什么事吗？

2. “吾日莫途远，吾故倒行而逆施之。”后来人们从这个句子中演变出两个成语，你能够写出这两个成语来吗？你能够解释这两个成语吗？

成语：(　　　　　　　)，意思是（　　　　　　　）

成语：(　　　　　　　)，意思是（　　　　　　　）

3. 申包胥为什么反对伍子胥鞭尸？

4. 秦王起先为什么不肯派兵救楚？后来为什么又同意了？

后 记

春天来了，这本小书也将付梓了，回顾这本书的编写过程，其实它不仅仅是一本儿童读物，更凝聚了不少朋友的帮助和支持，在此特表示感谢（排名不分先后）：

潘娜、陈敏、王雯静、梅佳祺、张鹰、许缨、曹磊、蔡佳骏、吴珏、宗黎、王飞、朱文瑾、孙君、张平、秦琳娜、宋婷婷、吴杰、张萍、施燕璟、邱立琦、曹雅琴、季美红、陆建亮、石云兰、王静娟、彭金云、毛家英、朱春兰、沈利华、唐群英、陈利坤、支俊华、刘艳、余唯超、陈蕾、杨春芳、李新杰、钟子以。

特别是屈华校长以及本书的责任编辑刘海老师为这本小书的出版付出了很多心血，在此也表示衷心感谢！

王喜华　田凯杰

2019 年 2 月 28 日